D1727622

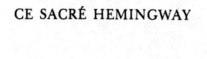

CE SACRÉ HEMINGWAY

ANTHONY BURGESS

CE
SACRÉ
HEMINGWAY

Traduit de l'anglais par
Léo Dilé et Georges Belmont

Fayard

Crédit photographique du cahier de hors-texte

Photos : 2, 46, 55 *(Popperfoto)*. Photos : 3, 4, 5, 6, 7, 8, 9, 15, 16, 24, 27, 28, 30, 31, 32, 33, 34, 36, 38, 40, 41, 42, 43, 45, 47, 48, 49, 50, 51, 52, 53, 57, 58 *(John F. Kennedy Library)*. Photos : 10, 21 *(Princeton University Library)*. Photo : 13 *(Harlingue-Viollet)*. Photo : 14 *(Lipnitzki-Viollet)*. Photo : 17 *(Mateo)*. Photo : 18 *(Knox College, Calesburg, Illinois)*. Photo : 22 *(Sotheby Parke Bernet)*. Photos : 23, 37 *(Charles Scribner's Sons)*. Photos : 26, 35, 39, 54 *(Culver Pictures)*. Photo : 29 *(Honoria Murphy Donnelly)*. Photo : 44 *(Radio Times Hulton Picture Library)*. Photo : 56 *(Camera Press)*.

Cet ouvrage est la traduction intégrale,
publiée pour la première fois en France
du livre de langue anglaise :

ERNEST HEMINGWAY
and his world

publié par Thames and Hudson

Avant-propos

La réputation littéraire d'Ernest Hemingway n'a pas notablement diminué au cours des dix-huit années qui se sont écoulées depuis sa mort. Il paraît toujours capable d'administrer les chocs esthétiques qui, à une époque d'innovations artistiques, ont secoué ses premiers lecteurs. Il a fait de la prose narrative un moyen d'expression physique, élagué de ses éléments cérébraux et fantaisistes, adapté au héros hemingwayien : fort, stoïque, souffrant, manifestant le type de courage à la Hemingway qui revient à « faire contre mauvaise fortune bon cœur ». Une fois établi au rang d'un des plus grands écrivains américains de son temps, il a été beaucoup imité, et s'est révélé facile à copier. Dans ses mauvais jours, il ne dédaignait pas de s'imiter lui-même. Pourtant, le genre de dactylo-littératurographie à la volée que l'on appelle prose à la Hemingway n'a pas grand-chose à voir avec le style concis de ses meilleurs livres, instrument qu'il s'est échiné à perfectionner durant des années de pauvreté et de zèle ascétique.

Tout autant que ses livres, l'homme Hemingway était une création, mais une création bien inférieure. Qu'il différait de la plupart de ses confrères écrivains en ceci qu'il était un homme d'action robuste et beau, cela saute aux yeux ; mais il ne se contentait pas d'exceller à la chasse, à la pêche, à la boxe, comme chef de guérilla. Il lui fallait se transformer en mythe homérique, c'est-à-dire poser, mentir, traiter la vie à la façon d'un roman ; et bien que certains de ses mensonges soient transparents (comme la fable de sa coucherie avec Mata Hari), l'on a peine à démêler la légende, qu'il a fabriquée lui-même, d'une réalité moins prestigieuse, si étonnante qu'elle soit. Nous connaissons l'homme Hemingway non par des lettres et des journaux intimes, mais par des histoires qu'il a racontées lui-même dans des bars, en bateau, en safari, histoires à leur tour colportées par d'autres, souvenirs qui se soumettent à la légende, et qui — devenant de moins en moins sûrs à mesure que leur héros s'éloigne dans le temps — continuent d'affluer.

Le plus sûr recueil de faits concernant la vie de Hemingway, c'est la biographie de Carlos Baker, professeur de littérature à l'université de Princeton, dont je fus autrefois l'humble et obscur collègue. Bien que Hemingway lui-même ait un jour parlé (ou passe pour avoir parlé) avec mépris du goût d'érudit qu'avait Baker pour les faits, ce rigoureux souci de vérité biographique a mieux servi notre auteur que l'étude hagiographique d'A. E. Hotchner (à laquelle il m'est pourtant arrivé de faire ici un ou deux emprunts). Le professeur Baker traite avec scepticisme la légende de Hemingway ; mais le portrait de l'homme Hemingway qui en résulte ne diminue pas l'écrivain, ni le chasseur, ni le guerrier, ni l'aficionado. *Je reconnais avec gratitude l'aide que m'ont apportée les neuf cents pages serrées de Carlos Baker, et recommande sans réserve son* Ernest Hemingway *à tous ceux qui souhaitent poursuivre l'histoire au-delà des limites permises à une esquisse aussi brève que la mienne.*

Je désire aussi rendre hommage à un livre écrit par un autre de mes anciens collègues : le professeur Arthur Waldhorn, du City College *de New York. Son ouvrage intitulé* A Reader's Guide to Ernest Hemingway *(Guide du lecteur d'Ernest Hemingway) est la plus utile des études critiques sur l'œuvre de Hemingway que je connaisse ; elle a exercé une salutaire influence sur l'idée un peu naïve que je gardais de cet auteur depuis toujours, jusqu'au moment où j'ai entrepris cette courte biographie. Il existe bien d'autres livres sur l'homme, l'œuvre ou les deux, et je cite dûment, en fin de volume, ceux que j'ai lus et trouvés précieux. Mais il serait injuste de ne pas adresser ici, sans plus attendre, à ces deux vrais érudits les remerciements d'un troisième, moins digne qu'eux de ce titre — même s'il fut paré des plumes de* Visiting Senior Fellow *à Princeton, et, à New York, de celles de* Distinguished Professor.

2 juillet 1977   Anthony BURGESS
Monaco

MÊME SI L'AUTEUR de *le Soleil se lève aussi*, de *l'Adieu aux armes*, *Le vieil homme et la mer*, des histoires de Nick Adams avait été un avorton asthmatique ou phtisique, vivant des fantasmes de l'homme fort à travers sa production littéraire, il resterait l'un des grands écrivains américains. Mais il n'était pas un avorton. Un mètre quatre-vingts, le torse massif, il était bel homme, bouillonnant de vie, guerrier, chasseur, pêcheur, buveur. C'est la fusion de l'artiste sensible, original, et de l'homme d'action aux muscles robustes qui a fait d'Ernest Hemingway l'un des grands mythes internationaux du XXe siècle. Ce mythe intrigue et attire, par la présence, tant dans le personnage que dans son art, d'une attitude ambiguë envers la vie et la mort, d'un doute de soi qui paraît contredire les attitudes positives prises à la guerre et dans les safaris, — la présence d'une morbidité profonde dont les racines noueuses résistent à la bêche. Mais les deux principaux aspects du Hemingway homme public, du Hemingway de l'anecdote, des réclames de bière, de la liste des best-sellers, des cours de seconde année sur le roman américain, représentent un mélange des gènes et de la nature des parents.

Inutile de remonter dans la généalogie de notre auteur jusqu'aux ports de débarquement de ses ancêtres sur le littoral atlantique d'Amérique du Nord. Des deux côtés, la famille est anglo-saxonne, modérément prospère, pratiquante, patriote, quelconque, mais digne. Ernest a pour père Clarence Edmonds Hemingway, dit Ed, praticien médical d'Oak Park (Illinois) qui a fait ses études à la faculté de médecine Oberlin et Rush, à Chicago ; il est fils d'un ancien combattant de la guerre de Sécession qui a réussi dans l'immobilier. Ed Hemingway, barbe noire, large d'épaules, taille un mètre quatre-vingts, adore la chasse, la pêche, la taxidermie, aime à conserver les serpents dans l'alcool, et à faire la cuisine sur les feux de camp. Non seulement il lègue à Ernest un physique de forgeron, mais il lui donne une formation d'homme des bois. Ed Hemingway a d'abord une maisonnette, puis une ferme de seize hectares, dans les forêts du Michigan. Sept semaines seulement après sa naissance (21 juillet 1899), Ernest fait son premier voyage vers la brousse américaine. Voyage éprouvant : train d'Oak Park à Chicago, fiacre jusqu'au quai d'embarquement du lac Michigan, vapeur jusqu'à Harbor Springs, chemin de fer à voie étroite jusqu'à

Petoskey, changement jusqu'au Bear Lake, barque à rames jusqu'à la maisonnette baptisée « Windemere » (hommage aux ancêtres de la mère d'Ernest ; mais un « r » s'est perdu en route). Ce voyage, Ernest le refera souvent.

Ed Hemingway apprend à son fils à pêcher, à manier les outils et les armes, à faire cuire la venaison — ratons laveurs, écureuils, opossums, pigeons sauvages — et les poissons du lac. On ne doit pas tuer pour le plaisir de tuer — règle que Hemingway enfreindra à l'âge adulte. Ce que l'on tue, on doit le manger, dit le père. C'est ainsi que le jeune Ernest doit se casser les dents sur un porc-épic fétide et coriace qu'il a abattu sans nécessité. L'habitude de mentir, de romancer au sujet de ses prouesses en pleine nature, il la prend alors qu'il n'a pas tout à fait cinq ans. Il raconte à son grand-père Hall qu'il a arrêté tout seul un cheval emballé. Le vieil homme lui répond que, avec une imagination comme la sienne, il finira ou célèbre, ou en taule.

Ernest Hall dirige une affaire de coutellerie en gros à Chicago. Dévot, porté sur les prières en famille, c'est, comme le père de son gendre, un vétéran de la guerre de Sécession, une espèce de héros. Pourtant — et c'est là une manie qu'il ne transmettra pas à son petit-fils — jamais il ne permet que l'on parle de guerre en sa présence. Le nom intermédiaire d'Ernest Hemingway — Miller — lui vient d'un grand-oncle, fabricant de bois de lit. Il y avait là tout un héritage de commerce métallurgique, de chasse et de piété chrétienne, mais peu de littérature. Par contre, il y a la musique, représentée par la mère. Grace Hall — qu'Ed Hemingway a connue alors qu'ils faisaient leurs études ensemble au lycée d'Oak Park — est fort anglaise d'aspect : yeux bleus, formes amples, teint frais. Dans sa jeunesse, elle a vu plus grand que Oak Park : comme elle possédait une belle voix de contralto, sa mère et ses professeurs l'ont poussée à faire carrière dans le grand opéra. Mais la scarlatine lui a affaibli la vue, et, lors de ses débuts de cantatrice à Madison Square Gardens, à New York, les feux de la rampe la mettent à rude épreuve. Aussi revient-elle à Oak Park épouser le jeune Dr Hemingway. Elle devient professeur de musique dans North Oak Park Avenue, abandonnant la cuisine aux soins de son époux. En visite auprès d'un malade, Ed téléphone parfois chez lui pour dire à la bonne de retirer la tarte du four. Il est célèbre pour ses tartes.

Grace Hemingway sera toute sa vie encline à la piété sentimentale ; comme il faut s'y attendre, elle ne s'intéressera jamais beaucoup aux œuvres de son fils. A la naissance d'Ernest, elle écrit dans son journal : « Les rouges-gorges chantaient leurs plus doux chants pour accueillir le petit nouveau venu dans ce monde magnifique. » Après son baptême, on expose l'enfant « en offrande au Seigneur, pour qu'il reçoive son nom et compte désormais au nombre des petits agneaux de Dieu ». Cet agneau s'égarera en devenant bélier : on peut imaginer la carrière d'Ernest comme une réaction excessive à l'idée que sa mère se faisait d'un garçon. A neuf mois, elle l'habille de guingan rose et le coiffe d'un chapeau à fleurs, tout comme sa sœur Marcelline, de dix-huit mois son aînée. Plus tard, il traitera sa mère de vieille garce. Il se retournera aussi contre son père, mais seulement lorsque celui-ci, préfigurant son fils, se sera tué d'un coup de pistolet dans une crise de dépression.

Dur, mal embouché, bagarreur dès le départ, Ernest réclame à cor et à cri le punching-ball d'un frère cadet ; mais il ne sera exaucé qu'à l'adolescence : Leicester Clarence Hemingway arrivera trop tard pour servir de faire-valoir ou de compagnon. Ernest grandit au milieu de quatre sœurs — Marcelline, Ursula, Madelaine et Carol, toutes grandes et belles filles — qui exerceront une influence notable sur son attitude à l'égard des femmes. Jusqu'à la fin, on remarquera que, dans la compagnie des femmes de sa propre génération, il adopte d'instinct le rôle blagueur, tyrannique, mais facile à décontenancer, du frère. Même de la part de ses épouses (quatre aussi, les trois premières issues d'une mère commune, la ville de Saint Louis) il exigera des qualités de sœur et de bonne copine. Il désirera, mais sans jamais l'obtenir, une fille, et la remplacera par de jolies jeunes femmes comme Ava Gardner et Ingrid Bergman (mais jamais par Marlene Dietrich : son attitude envers elle sera d'une intéressante complexité). Il les appellera « ma fille », et elles devront l'appeler « papa ». Pour tout le monde, il deviendra Papa Hemingway relativement tôt dans la vie. Assez fraternel et paternel, il ne sera jamais vraiment un fils.

Il ne partage pas l'intérêt de son père pour la science, et résiste en partie aux tentatives de sa mère pour faire de lui un musicien. Elle veut qu'il embrasse la carrière de violoncelliste ; c'est ce qu'il fait dans l'orchestre de son lycée, où il obtient sa partie dans des musiques faciles d'opérettes et de comédies musicales. Il chante aussi dans la chorale de la Troisième Église congrégationaliste ; mais, comme son père, il ne chantera jamais juste. Plus tard, il prétendra s'y connaître en musique, et discourra même (avec quelle compétence, l'histoire ne le dit pas) sur le contrepoint. A Paris, il scandalisera en déclarant de la musique de George Antheil qu'il préfère son Stravinski « nature », comme le whisky — jugement fort perspicace sur cet « enfant terrible de la musique », protégé d'Ezra Pound, aujourd'hui connu surtout pour ses banales partitions de films. A La Havane, il confectionnera une chanson pour le groupe de chanteurs et de guitaristes de son bar favori, chanson qu'ils entonneront rituellement chaque fois qu'il pénétrera dans l'établissement. Ce qu'il a sans doute hérité de sa mère, c'est le sens du ton et du rythme qui fera de lui un styliste littéraire de premier ordre. Joyce avait lui aussi des antécédents musicaux. On ne peut pas plus lire *Ulysse* que *l'Adieu aux armes* sans y déceler un souci constant de la sonorité des mots, ainsi qu'un talent de structuration analogue à celui du compositeur de musique. La mère d'Ernest s'y connaît aussi en peinture ; dans sa maturité, elle deviendra un peintre de réputation locale. Le goût pictural du fils surclassera celui de la mère ; il déclarera tenter de faire pour le roman ce que Cézanne avait fait pour ses toiles, mais la critique évoquera plutôt Goya devant certaines de ses plus sombres peintures verbales.

Les études d'Ernest au collège et au magnifique lycée municipal d'Oak Park et de River Forest ne se distinguent académiquement que par ses succès en anglais ; à sa sortie, il ne manifestera aucun désir d'entrer à l'université. Il sera toujours très « antiintellectuel ». Pour le magazine de l'école, il écrit des récits et des reportages qui, par le souci de décrire les actes physiques et d'éviter la verbosité romantique, annoncent les œuvres de la maturité. Ses ambitions majeures sont d'ordre athlétique ; pourtant, à son entrée au lycée, il a honte de sa faible taille et de son manque de muscles. Trop petit pour le rugby américain, il s'exerce au tir à la carabine, avec un score constant de 112 (sur 150) à vingt mètres de distance. Cela, en dépit d'une déficience de l'œil gauche qu'il maudit comme venant de sa mère (plus tard, dans sa répugnance à concéder la moindre chose à celle-ci, il imputera ce défaut aux coups en vache de ses adversaires à la boxe). A quinze ans, il se met à pousser comme un champignon, et ne tarde pas à rejoindre la taille et le poids de son père — ainsi que sa propension à se mettre en nage et à engraisser. Il devient célèbre pour la dimension et la maladresse de ses pieds, tant sur le terrain de sport que sur la piste de danse. S'il ne joue pas bien au rugby, il fait de la course, de la boxe, de la natation, et on le nomme capitaine de l'équipe de water-polo. Naturellement, en outre, il écrit.

Il a pour modèle Ring Lardner, détenteur d'une chronique très lue dans la *Tribune* de Chicago, et qui a mis au point un style faussement naïf qu'Ernest cherche à imiter. Lardner a plus de talent qu'il ne paraît au premier coup d'œil ; il témoigne d'une invention originale, bien que très américaine : drôle, subtile, capable de discrète émotion à l'occasion. Ernest, lui, n'est que facétieux ; mais l'humour bouffon est, à l'époque, un genre apprécié dans la province américaine (le *Babbitt* de Sinclair Lewis en constitue sans doute la fine fleur). L'esprit, au sens français du terme, est un produit de l'intellect et l'intellect est suspect, étant européen, décadent et profane. Les fruits les plus atroces de l'humour bouffon, ce sont les sobriquets. Grand amateur de sobriquets, Hemingway surnomme son petit frère Leicester de Pester, d'après un personnage de bande dessinée ; il aime à se faire appeler Porthos, Butch (le Boucher), la Vieille Brute, et surtout Hemingstein. Il y a là un léger relent d'antisémitisme : tous les noms juifs sont comiques. Il n'arrivera jamais à se débarrasser d'une tendance au sarcasme feutré à l'égard des juifs, pas plus que de son faible pour ce nom de Hemingstein (au cours de la Seconde

Guerre mondiale, en guise de variante, il se présentera aux GI's comme « Ernie Hémorroïde »).

C'était alors le bon vieux temps exubérant dans le Middle West, avec steaks énormes, boissons gazeuses, claques dans le dos, chauvinisme et optimisme. La névrose américaine ne s'est pas encore déclarée, et ces bons petits États-Unis sont le plus beau putain de pays de ce putain de monde. Le Oak Park de Hemingway est bien plus innocent que le Dublin de Joyce, et l'on n'imagine pas le jeune Hemingway bramant la nuit dans les rues en se consumant de désir pour une femme. Certes, il lui arrive de s'enflammer pour certaines filles ; plus tard, il se vantera d'avoir eu toutes les femmes qu'il voulait ; mais il saute aux yeux qu'il conserva son pucelage beaucoup plus longtemps que Joyce. La bigoterie de la ville maintient les enfants dans l'ignorance des choses de la vie. Même un professionnel de la médecine comme Ed Hemingway était prêt à affirmer que la masturbation conduit tout droit à la folie. Un dicton assurait que Oak Park marquait la fin des bistrots et le commencement des églises. Point de dames de petite vertu dans les parages, et les filles du lycée sont respectables. De toute façon, Ernest voue son corps à l'athlétisme au cours de l'année scolaire, et aux grands espaces du Michigan lors des vacances d'été. C'est la bonne vie saine et les grands coups de gueule ; mais le temps vient inévitablement où le jeune Hemingway désire autre chose que l'appel des chipmunks et les contraintes du bonheur guindé de Oak Park.

Le 6 avril 1917, les États-Unis mettent fin à deux ans et demi de neutralité et de paix, paix à tout prix, et déclarent la guerre à l'Allemagne. Beaucoup de jeunes gens brûlent d'aller « là-bas » ; même, beaucoup s'y trouvent déjà dans les unités d'ambulanciers ou, du moins, « tout là-haut », passé le 49e parallèle, dans l'aviation canadienne, le *Royal Canadian Flying Corps*. Mais Ernest n'est pas pressé. Il a le sens instinctif des priorités et veut apprendre à écrire avant d'apprendre à se battre. De toute manière, son père a déclaré catégoriquement que son fameux défaut à l'œil gauche lui interdirait l'accès des champs de batailles. Ernest a un oncle — Tyler Hemingway — à Kansas City ; il a aussi de l'admiration pour le *Kansas City Star*, qui est encore, alors, un des grands journaux américains. Ayant appris qu'il a des chances d'y être engagé comme apprenti reporter, il dit au revoir à son père, qui l'embrasse tendrement à la gare de chemin de fer, des larmes dans la moustache et la bénédiction aux lèvres. Bien des années plus tard, dans *Pour qui sonne le glas*, Ernest romancera cette petite scène : son héros s'y sentira « soudain tellement plus vieux que son père et si plein de pitié pour lui que c'en était presque intolérable ».

Il serait sans doute faux de dire que le

jeune Hemingway a des « ambitions littéraires ». Scott Fitzgerald, frais émoulu de
Princeton, travaille alors à un roman à la
Compton Mackenzie, orné de tropes keat-
siennes ; il est tout de suite homme de lettres.
Hemingway, lui, a déjà d'instinct un but à la
fois plus simple et plus complexe : enlever les
dispositions esthétiques du langage de la place
qui leur est traditionnellement allouée — la
tête et le cœur — pour les rattacher aux nerfs et
aux muscles. Cela implique une véritable
révolution qui, pour le moment, se dissimule
sous le désir de faire du bon travail dans le
domaine simple et populaire du journalisme.
Mais dire que Hemingway a l'ambition d'être
journaliste serait aussi faux que d'affirmer
qu'il veut être un nouveau Tolstoï ou un nouveau Dickens.

Kansas City, ce sont deux villes : une dans
l'État du Kansas, avec une population d'environ 130 000 âmes, et une autre dans l'État du
Missouri, avec près d'un demi-million d'habitants. C'est à celle-ci que l'on fait le plus souvent allusion quand on parle de Kansas City
ou quand on la chante, et c'est là qu'Ernest
Hemingway fait ses débuts d'écrivain professionnel, ou rétribué. Aujourd'hui, Kansas City
est un élégant centre commercial et agricole,
larges boulevards, architecture de style en
grande partie espagnol, belles villas, restaurants où des mannequins présentent la haute
couture pendant que l'on vous sert les meilleurs beefsteaks du monde, fameuse université
jésuite, sans compter un somptueux hôtel qui

accapare tout un flanc de colline, avec arbres et cours d'eau dans le décor. En 1917, c'était une ville en plein développement dont le rude statut frontalier demeurait vivant dans les mémoires — ville de crime et de péché, dont les magistrats eux-mêmes avaient une attitude cynique envers la loi. Sa Douzième Rue fourmillait à tel point de prostituées qu'on la surnommait « Avenue Woodrow Wilson » (le père de la Société des Nations). Ernest ne pratique ni la bagarre, ni le déduit vénal ; il se contente d'observer ce monde sans douceur. On lui donne quinze dollars par semaine, et un exemplaire du manuel du parfait rédacteur du *Star*, qui, de fait, lui apprend à écrire dans le style de Hemingway de l'âge mûr. Concision, alliance de la vigueur et de l'aisance, approche positive des choses (dites ce qui est là, plutôt que ce qui n'y est pas) — tels sont les principes du *Star*. Hemingway les adaptera plus tard à la création littéraire.

Le reporter ne manquait pas de sujets à cueillir au passage et à engranger à la banque de la mémoire, pour être servis plus tard, avec les intérêts accumulés de l'intuition imaginative, sous forme de fiction signée Hemingway. Ainsi le remarquable récit intitulé *God Rest You Merry, Gentlemen* (Dieu vous donne le repos dans la joie, messieurs) s'inspirera-t-il d'un fait divers recueilli par Ernest au cours d'une de ses tournées régulières à l'hôpital municipal : l'étrange cas d'un adolescent qui, tel Origène, l'un des Pères de l'Église, s'était castré pour l'amour de Dieu. Toute atteinte, physique ou psychologique, à la sexualité fascinait évidemment Hemingway : il existait sans nul doute une part de lui-même qui refusait l'engagement sexuel. Mais de façon générale, il a découvert que la réalité dépasse toujours la fiction ; la littérature n'est pas au premier chef invention : elle consiste à ordonnancer en modèles esthétiques les données d'une large expérience.

Si Kansas City révèle à Ernest la vie, il ne tarde pas à avoir soif d'une vie plus vaste : celle de l'Europe en guerre, qui comporte le risque et la mort. Ted Brumback, un de ses jeunes confrères, a plus qu'un œil faible : un œil de verre ; il n'en a pas moins passé quatre mois dans l'*American Field Service*, à conduire en France des ambulances. Enflammé par ce précédent, Ernest touche au *Star* sa dernière paie le dernier jour d'avril 1918 ; en mai, il se pavane à Broadway (Manhattan) en uniforme de sous-lieutenant (grade purement honorifique). Il est dans la Croix-Rouge ; jamais, dans aucune guerre, il ne sera combattant officiel ; et pourtant, le mythe de Hemingway le soldat ne tardera pas à se faire jour. A ses amis de Kansas City, il écrit des mensonges éhontés : il se vante d'avoir une liaison avec Mae Marsh, star de *La Naissance d'une nation*, et d'avoir englouti dans l'achat d'une bague de fiançailles 150 dollars, cadeau de son père le jour de son départ. Ce qui est vrai, c'est qu'il aperçoit le président Wilson, et même, en qualité de serre-file de sa section, défile en son honneur dans la Cinquième Avenue parmi 75 000 hommes. Son

style épistolaire est d'une exubérance pénible :
« Ha, Ha, Ha, Ha, Ha, Ha ! C'est le plus
grand des Hemingstein en chair et en os qui
commet cette épître. » Bientôt, sur un bateau
de la French Line, le *Chicago*, signe de bien-
venue ou d'hommage qui ne lui sera pas insen-
sible, le voilà en route pour la guerre et la perte
de son innocence d'enfant du Middle West.

Par Bordeaux, Paris et le tunnel du
Mont-Cenis, on l'emmène à Milan. Dès le tout
premier jour, ses camarades ambulanciers et
lui se trouvent précipités au beau milieu des
horreurs de la guerre ; dans cette ville même,
une usine de munitions explose, et il faut
ramasser des corps et des lambeaux de corps —
en majeure partie féminins. Choc profond
pour le jeune innocent qui a massacré à gogo
des petites bêtes sans défense, mais n'a jamais
encore rencontré la mort humaine, *a fortiori*
dans ces proportions et d'une aussi gratuite
obscénité. Le troisième jour, on l'envoie,
parmi un groupe de vingt-cinq hommes, à
Schio, dans les Dolomites. La guerre se pour-
suit dans les montagnes, et il y a de nombreux
blessés italiens à évacuer. A Dolo, Hemingway
rencontre John Dos Passos, autre citoyen de
Chicago servant dans les ambulances, et desti-
né, si l'on en croit Jean-Paul Sartre, à devenir le plus grand romancier américain de
toute cette génération-là. Lors de cette première rencontre qui sera suivie de tant

d'autres, il semble qu'aucun des deux hommes n'ait bien saisi le nom de son interlocuteur. Les Autrichiens attaquent tout le long du Piave, au nord de Venise ; sur la rive gauche, les Italiens creusent des tranchées. On demande des volontaires pour les cantines de la Croix-Rouge dans les bourgades situées derrière les lignes ; aussi Ernest — qui, comme on dit à Kansas City, veut toujours se trouver au plus chaud de la mêlée — se fait-il envoyer à Fossalta, village fort éprouvé du bord du fleuve, pour y distribuer un peu de réconfort aux troupes.

Par une nuit chaude et sans lune, il gagne à bicyclette un poste de commandement avancé ; casqué, rampant sous les feux croisés, il porte cigarettes et chocolat aux hommes des tranchées. Peu après minuit, les Autrichiens envoient un projectile de l'autre côté du fleuve — une boîte à mitraille de vingt litres bourrées de bouts de ferraille — qui blesse de nombreux Italiens. Ernest ramasse un homme qui pousse d'atroces cris de souffrance et, dans une voiture de pompier, essaie de l'emmener au poste de commandement. Au bout d'une cinquantaine de mètres, une mitrailleuse autrichienne lui crible la jambe gauche. Il tombe, se ressaisit, parcourt les cent derniers mètres avec son fardeau toujours en vie. Puis, il perd connaissance. Sa tunique est si trempée de sang — celui de l'homme qu'il a sauvé — que les brancardiers le croient d'abord blessé à la poitrine. On le dépose dans un abri où il y a tant de morts ou de mourants que, dira-t-il plus tard, il lui paraissait plus naturel de mourir que de continuer de vivre. Deux heures plus tard, on le conduit à un poste de secours de Fornaci, où on lui retire vingt-huit éclats sur les centaines de bouts de métal logés dans la jambe. Enfin, on le transfère à l'endroit d'où il est parti six semaines auparavant : l'*Ospedale Croce Rossa Americana*, Via Alessandro Manzoni à Milan. Pour quatre patients seulement, il y a là dix-huit infirmières. Pour Hemingway, la guerre est finie, bien qu'il exprime le vif désir d'y retourner dès que sa jambe sera guérie. C'est un héros. On l'a proposé pour la médaille italienne du courage. Jeune et beau, il respire la puissante séduction sexuelle du blessé de guerre. Il a dix-huit infirmières de qui s'éprendre. Il tombe éperdument amoureux de l'infirmière-major Agnes Hannah von Kurowsky, beauté brune de Washington.

Elle répond par une affection méfiante : âgée de près de trente ans, elle veut éviter des liens trop étroits avec un jeune homme qui n'a pas vingt ans. Nul doute qu'elle le trouve séduisant — et elle n'est pas la seule. Outre sa beauté robuste, il y a en lui une maturité, une espèce de vitalité autoritaire, nées du contact avec le danger. Il a subi avec succès l'épreuve du feu, il apprend l'amour ; il se crée même une philosophie de la mort. Il médite beaucoup sur le soldat grisonnant de cinquante-cinq ans, rencontré au poste de secours, et qui, lorsqu'il lui a dit : « Tu es *troppo vecchio* pour faire la guerre, pépé », a répliqué : « Je suis capable de mourir tout comme un autre. » Il rencontre Eric Dorman-Smith, commandant des troupes britanniques à Milan, qui lui cite un passage de la deuxième partie du *Henri IV*, de Shakespeare, morceau qui sera désormais pour Hemingway une sorte de stéréotype. C'est celui où Débile, le « tailleur pour dames », cédant à l'insistance de Falstaff qui le presse de partir pour la guerre, déclare : « Sur ma foi, peu me chaut ; on ne meurt qu'une fois ; nous devons une mort à Dieu... et, quoi qu'il advienne, qui meurt cette année est quitte pour la prochaine. »

L'expérience de la guerre en Italie, l'amour pour une infirmière de la Croix-Rouge, le « contre mauvaise fortune bon cœur », le contact avec une foi plus ancienne que celle qu'il a connue avec la Troisième Église congrégationaliste de ses parents, dans l'Illinois, le vin et le sang, l'ancienneté de l'Europe — de telles découvertes seront lentes à donner *l'Adieu aux armes* ; elles n'en font pas moins d'Ernest une espèce d'Européen. Jamais il n'écrira grand-chose sur l'Amérique où, selon lui, en réalité il ne se passe rien. Il n'est pas content de rentrer à Oak Park, bien qu'on l'y accueille en héros. Il y traîne en capote militaire italienne, boit du *vino*, chante de vieilles chansons de la Piave, ne lève pas le petit doigt pour trouver du travail. Même sa façon de parler a changé. Il a pris à Dorman-Smith un genre de prononciation hachée qui va bien avec son lambdacisme chronique (incapacité de prononcer les consonnes latérales, de telle sorte que Lili, dans sa bouche, devient Ouioui). Il rêve d'Agnès et lui écrit tous les jours ; mais il se révèle bientôt qu'elle est tombée amoureuse d'un jeune et beau Napolitain, ce qui plonge quelque temps Ernest dans une fureur noire. Pourtant, rien n'est vraiment perdu. Désormais, il ne risque plus de confondre amour et simple *Schwärmerei*. Un livre en sortira un jour. En attendant, mis à la porte par sa mère, qui se plaint de sa paresse, il s'en va habiter Chicago. Là, il écrit des articles pour les pages magazines du *Toronto Star*, et cherche en vain à placer ses nouvelles.

A l'automne de 1920, une jeune fille appelée Elizabeth Hadley Richardson arrive de Saint Louis (Missouri) à Chicago pour passer quelque temps chez des amis : l'épreuve que représente la longue maladie et la mort lente de sa mère l'a épuisée. Dans des réceptions, elle rencontre maints jeunes gens turbulents dont l'un répond aux noms variés d'Ernie, Nesto, Oinbones, Wemmedge, Hemmy, Stein, Hemingstein. Ils se plaisent réciproquement. De huit ans l'aînée d'Ernest, elle a les cheveux châtain roux, la silhouette élancée et gracieuse. Elle ne sait pas grandchose de la vie ; elle admire ce héros de la guerre aux dents blanches, au talent d'écrivain et de conteur d'histoires. A Chicago, on l'a surnommée « Hash » (« Super », dirait-on de nos jours), mais il l'appelle Hadley. Lorsqu'elle aura regagné Saint Louis, il ira la voir ; quant à elle, elle ne désire que trop revenir à la brillante Chicago et aux conversations où l'on traite l'Amérique de pauvre pays minable, et l'Europe, de seul endroit où l'on puisse vivre. Bientôt, il est question de mariage, mais les perspectives financières d'Ernest ne sont pas reluisantes. Il a essayé d'écrire un roman, puis y a renoncé ; il n'arrive pas à placer ses nouvelles ; il ne gagne que quarante dollars par mois comme rédacteur en chef de la revue d'une coopérative, qu'il doit rédiger presque seul, et qui, de toute manière, est dirigée par des escrocs. Hadley possède un petit capital qui lui rapporte 3 000 dollars par an. Pareil à beaucoup d'artistes antérieurs et postérieurs à lui, qui ont mangé de la vache enragée, Ernest est tout prêt à se laisser entretenir par une femme en attendant de percer. Ils se marient. Ils se disent que bientôt ils iront vivre en Italie.

Non, déclare Sherwood Anderson, pas en Italie. A Paris, le seul endroit possible pour un écrivain. Anderson est alors un auteur connu, respecté, au seuil de l'âge mûr ; aujourd'hui, on le connaît surtout pour *Winesburg, Ohio*. Il exerce une influence d'ordre stylistique sur le jeune Hemingway, qui pourtant ne tardera pas non seulement à le rejeter, mais à le satiriser. Pour le moment, Anderson habite avec sa femme, Tennessee, la banlieue de Chicago ; il a eu beau fuir l'atmosphère particulièrement étouffante de la société bourgeoise du Middle West qu'il attaque dans ses romans, il ne s'en rend pas moins compte que toute l'Amérique déborde d'une euphorie matérialiste qui est la mort de l'âme. Allez à Paris, dit-il, où l'on prend l'art au sérieux ; où, suivant l'expression de Henry James, l'air lui-même est imprégné d'élégance. Le *Toronto Star* accepte de publier une série de Lettres d'Europe de Hemingway. Il réserve des places à bord de la *Leopoldina*, dont le nom joycien prendrait bientôt une allure d'heureux présage. Voici, a dit Anderson, des lettres de recommandation : pour Gertrude Stein, la grande novatrice expatriée de la prose américaine ; pour Sylvia Beach, qui possède en partie Shakespeare and Co, la fameuse librairie de la rue de l'Odéon ; pour Ezra Pound, poète et ami des écrivains ; pour Lewis Galantière, de la Chambre de commerce internationale. Par reconnaissance, la veille de son embarquement, Hemingway fourre dans un sac toutes les boîtes de conserve qu'il n'a pas utilisées, les coltine jusque chez Anderson et les déverse à ses pieds.

Depuis quelque temps, Hemingway a fait pas mal de boxe — surtout en tant que *sparring partner*, afin de gagner un peu d'argent. Sur le bateau, il organise une démonstration pour procurer quelques francs à une jeune Française qui, abandonnée par son soldat américain de mari, regagne en pleurs sa patrie. A peine arrivé à Paris, Hemingway propose à Lewis Galantière, accouru à l'hôtel pour inviter le couple à déjeuner, de faire un ou deux rounds. Il brise les lunettes de Galantière. Il semble avoir invité tout le monde, tôt ou tard, à se mesurer aux gants avec lui — sauf les inaptes, comme Ford Madox Ford, les presque aveugles, comme James Joyce, et ceux qui se sont trompés de sexe, comme Gertrude Stein. Durant tout son séjour à Parix, il boxe. C'est l'expression extérieure d'une formidable lutte intérieure — pas le moins du monde avec ce qu'un romancier jamesien considérerait comme les problèmes majeurs de la création littéraire : caractère, motivation, vérité philosophique, architectonique, non, mais une lutte pour parvenir à « une phrase vraie, simple, déclarative ». Le but artistique de Hemingway est aussi original que celui de n'importe lequel des littérateurs d'avantgarde qui pérorent dans les cafés de la Rive gauche. Décrire sans fanfreluches, sans s'imposer ni imposer une attitude, faire exprimer au mot et à la structure l'idée et le sentiment aussi bien que le corps, le physique, cela paraît facile aujourd'hui, surtout parce que Hemingway nous a montré le chemin, mais ce ne l'était pas à une époque où « littérature » signifiait encore beauté du style au sens victorien du terme, avec décoration néo-gothique, allusions livresques, entrelacs de propositions subordonnées, immixtion sournoise ou brutale de la personnalité de l'auteur entre le lecteur et le sujet de l'œuvre.

Gertrude Stein fait partie des Américains expatriés qui tentent d'assainir la langue anglaise, d'administrer des chocs esthétiques (c'est-à-dire de forcer le lecteur à considérer le monde extérieur avec un regard entièrement neuf) en simplifiant peut-être à l'excès le langage. Hemingway, assez jeune pour être son fils, lui soumet humblement ses travaux : fragments de roman, vers libres dans le style « imagiste » d'Ezra Pound. Trop de description pour la description pure, objecte-t-elle ; trop d'ornements. Condensez ! Concentrez !

Commençant à Trieste pour finir à Paris, James Joyce a déjà accompli son salut stylistique personnel dans *Ulysse* — « un sacré livre », déclare Hemingway lorsqu'il paraît en 1922 — où il tord son cou à la vieille rhétorique par le biais de la dérision, où l'esprit s'exprime en direct par le monologue intérieur, où les phénomènes du monde extérieur sont captés avec une force de compression dont la rigueur n'apparaît pas aux yeux de tous sur le moment. Ezra Pound, fondateur, en 1971, du nouveau dialecte poétique anglo-américain, avec son *Hommage à Properce* — et le premier à avoir signalé Joyce à l'attention du monde littéraire international (c'est-à-dire parisien) — distingue le talent du jeune Hemingway. Il l'encourage, et s'en voit remercié par des leçons de boxe.

Mais c'est Sherwood Anderson qui, le premier, fait imprimer Hemingway dans un journal littéraire. Ce journal, c'est le *Double Dealer* de la Nouvelle-Orléans, et la contribution de Hemingway est représentée par une fable satirique et un quatrain, ce dernier en bouche-trou dans une page où figure un long poème de William Faulkner, l'écrivain du Sud qui va accomplir sa propre révolution dans le roman américain. Encouragé, Hemingway demande à Hadley d'apporter tous ses manuscrits de Paris à Lausanne, où il se trouve en mission pour le *Toronto Star*, afin de voir ce qu'il pourrait bien publier encore ou polir en vue de la publication. Dans le train, en gare de Lyon, Hadley laisse un instant sans surveillance la valise bourrée de manuscrits ; à son retour, elle a disparu. Hemingway est ivre de rage et Hadley prend conscience d'un aspect terrifiant de son époux, qui présage le délabrement futur de leur union. « J'aurais volontiers recouru à la chirurgie, ou presque, pour oublier cette perte », dira-t-il plus tard ; mais ce malheur est peut-être une bénédiction : le voilà forcé de repartir à zéro.

En 1923, beaucoup de ses textes sont acceptés et imprimés. Margaret Anderson et Jane Heap dirigent une revue réputée, *The Little Review* ; Harriet Monroe est rédactrice en chef de *Poetry* ; il publie dans les deux. En outre, Paris n'est pas seulement la patrie des écrivains authentiques et des oisifs prétentieux : c'est aussi le port d'attache des « gentlemen éditeurs » américains — hommes riches, qui ont le culte des belles éditions à tirage limité. Entre autres, Harry Crosby, Robert McAlmon, William Bird. McAlmon, citoyen du Kansas marié avec Annie Winifred Ellerman, plus connue en littérature sous le nom de Bryher, veut faire paraître, de Hemingway, *Trois histoires et Dix poèmes*. Plus tard, Bird publiera *de notre temps* — recueil de récits et d'esquisses que son titre sans majuscule sert à distinguer de la première publication commerciale de Hemingway, *De notre temps*.

En attendant, Hemingway renseigne Toronto sur l'Europe turbulente et malheureuse de l'après-guerre. Il envoie des câbles non seulement de Paris, mais de Gênes (dans les taudis de laquelle s'agite le mouvement communiste d'Italie du Nord), de Muradli, d'Andrinople et d'autres points chauds de la guerre gréco-turque, de Constantinople (qui deviendra bientôt Istanbul, capitale de la révolution sociale de Kemal Atatürk), de la Conférence de la Paix réunie à Lausanne en 1923 pour régler les conflits territoriaux des Balkans. Il rencontre Clemenceau, dont le *Star* refusera de publier le coup de griffe au Canada, nation dont le Tigre estime qu'elle s'est tenue trop à l'écart de la guerre de 1914-1918. Il rencontre Mussolini, « le plus grand bluff de toute l'Europe ». En Italie, avec Hadley, il commet l'erreur de se pencher sur le passé — « rien n'est plus cloche que de courir derrière ses hiers ». A Schio, John Dos Passos et lui apprennent à se connaître. Dos Passos prépare une trilogie — *U.S.A.* — plus expérimentale sur le plan de la forme que tout ce que Hemingway fera jamais, mais fruste dans l'explication de sa partisanerie politique. Dos Passos penche vers le communisme ; Hemingway, en dépit de *La Cinquième colonne* et de *Pour qui sonne le glas*, qui appartiennent à la période de la guerre civile espagnole où tout honnête

homme inclinera vers les loyalistes, ne deviendra jamais un écrivain politique, ce qui est une
de ses forces en tant que romancier. Bien que,
par la suite, la gauche américaine ait tiré sur
lui à boulets rouges pour sa neutralité hédo-
niste, il est resté solidement attaché au seul
droit et au seul devoir de l'écrivain : montrer
choses et gens tels qu'ils sont, sans la couleur
d'une idéologie. N'empêche que les analyses
politiques de la situation européenne qu'il
câble au *Star* sont assez fines, voire prophé-
tiques. Toute sa vie, il sera en avance sur les
engagés de la politique parfois, car il a le don
de voir se dessiner l'ébauche des régimes et des
courants politiques.

Il se rend pour la première fois en
Espagne, non en mission journalistique, mais
par curiosité : la péninsule Ibérique est le seul
territoire latin qu'il ne connaisse pas. Une corrida vue à Madrid l'impressionne et le con-
vainc que la tauromachie est un rituel tragique, non un simple sport sanglant. A son
retour à Paris, Gertrude Stein le presse de se
rendre à Pampelune, en Navarre, pour la
Fiesta de San Fermín, en juillet. Hadley brûle
autant que lui de s'y rendre. Elle ne peut plus
supporter leur sordide appartement parisien ;
elle a la bougeotte ; elle est enceinte. Son
époux évoque l'influence vivifiante des courses
de taureaux sur les enfants encore à naître. Ils
partent ; ils sont fascinés, conquis. Il y a le
baroque des processions religieuses ; le vin qui
coule à flot ; les danseurs de *riau-riau* ; le matin
de bonne heure, le lâcher des taureaux de Vil-

lar aux cornes acérées, galopant dans les rues
caillouteuses, et la ténacité des jeunes Pampe-
lunais courant devant eux. Hemingway
devient un aficionado à part entière. Il ido-
lâtre le torero Nicanor Villalta ; s'il a un fils,
on le baptisera Nicanor Villalta Hemingway.
Le futur père écrit de petites esquisses sur les
courses de taureaux, pleines de vigueur et de
sang, mais plus dénuées de passion que brutales. Elles trouveront place dans *de notre temps*.

Donc, il publie des livres, mais de minces
plaquettes « artistiques », pour cénacles ; le
prestige et le profit du gros livre publié par un
grand éditeur américain paraissent lointains,
inaccessibles. Néanmoins, le livre sorti par
McAlmon vaut sincèrement la peine d'être
emporté en Amérique, où Ernest et Hadley
doivent maintenant retourner pour que leur
enfant ne naisse pas en terre étrangère. Ni
aux États-Unis d'ailleurs, mais au Canada.
Hemingway, sans un sou, travaille au *Toronto
Star* en qualité de reporter, harcelé, brimé,
considéré comme un crâneur (il a fait circuler
dans la salle de rédaction le volume de McAlmon) ; pour le punir, son nouveau directeur,
un dur, publie ses articles sans signature. John
Hadley Nicanor Hemingway naît sans encom-
bre (peut-être, après tout, l'ajout de Villalta
eût-il été un peu excessif). Edmund Wilson
— qui n'est pas encore reconnu comme un
des plus grands critiques littéraires américains — discerne la valeur de la prose concise
de Hemingway ; Bird publie *de notre temps*.
Le père, le mari, l'écrivain besogneux, l'ex-

rédacteur au *Star* qui, en janvier 1924, reprend le bateau pour Paris, est certes loin d'en avoir fini avec les ennuis, mais on ne peut plus le traiter de néophyte littéraire.

Le couple trouve un appartement qui donne sur une scierie et un chantier de bois, rue Notre-Dame-des-Champs ; il engage une femme de ménage qui demeure au 10 *bis* avenue des Gobelins. John Hadley Nicanor reçoit le surnom de Bumby. Lorsqu'il apprend à parler, voici l'adresse qu'il doit donner si jamais il se perd :

> *Dix bis avenue des Gobelins,*
> *Dix bis avenue des Gobelins,*
> *Dix bis avenue des Gobelins,*
> *C'est là qu'habite Bumby.*

(three times)

* This is how the song was sung to me by one who alleged he had sung it. The tune, right or wrong, will serve.

Vingt ans plus tard, ce sera la marche des irréguliers de Hemingway lorsqu'ils contribueront à la libération de Paris, ou la devanceront. Le Paris que Hemingway aura alors en tête sera la ville de l'idylle conjugale, de l'intégrité artistique et de l'optimisme juvénile, à jamais perdus. Ce sera une *libération nostalgique*.

---

* Voilà comment cette chanson m'a été répétée par une personne qui prétendait l'avoir chantée. L'air, fidèle ou non, fera l'affaire.

Pour le moment, tout est dur labeur et manque d'argent : l'écrivain redevient même *sparring partner* pour boxeurs à l'entraînement. Un jour, dans l'atelier d'Ezra Pound, il s'entraîne à boxer contre son ombre devant un grand vase de Chine, quand Ford Madox Ford entre et le voit pour la première fois. Ford est peut-être le plus grand romancier britannique de sa génération. Il a trop écrit, comme c'est inévitable pour tous les écrivains professionnels, à moins d'être des Hemingway arrivés et idolâtrés. La majeure partie de ses livres, aujourd'hui épuisés, mérite cet oubli (sauf sa poésie, qui est de haute qualité) ; mais *The Good Soldier* et *Parade's End* sont des chefs-d'œuvre reconnus. Il est aussi l'un des grands directeurs littéraires de son temps, voire de tous les temps ; il est en train de lancer à ce moment-là une nouvelle revue à Paris, la *transatlantic review* (cette suppression des majuscules initiales était de mode). Pound dit à Ford, avec la générosité gaffeuse qui le caractérise, que Hemingway est le plus grand styliste de prose du monde et qu'il est donc naturel qu'il devienne l'adjoint d'un styliste moins grand, mais grand tout de même. Hemingway aide Ford à titre gracieux. Son passage à la *transatlantic*, qui tournera au vinaigre, est marqué par un exploit considérable : il parvient à faire paraître en feuilleton *Américains d'Amérique*, de Gertrude Stein. Bizarreries leurs textes : Hemingway et Joyce publient tous deux sous le même titre d'*Œuvre en cours,* que Joyce finira par s'approprier complètement pour les publications de fragments, en revue ou en plaquettes, de la future *Veillée de Finnegan* (titre sacré, à ne divulguer qu'à l'achèvement du livre). Hemingway et Joyce observeront toute leur vie une générosité mutuelle, phénomène rare chez les deux hommes. Joyce dira plus tard :

> *C'est un bon écrivain, Hemingway. Il écrit comme il est. Nous l'aimons bien. C'est un grand gaillard de paysan, puissant, fort comme un bison. Un sportif. Et prêt à mener la vie qu'il décrit dans ses livres. Il ne l'aurait jamais décrite, si son physique ne lui avait permis de la vivre. Mais les géants de son espèce sont en réalité des modestes ; il y a beaucoup plus qu'on ne croit derrière la manière d'être de Hemingway.*

De Joyce, Hemingway dira, à l'époque de son premier voyage en Afrique * :

> *Il avait peur de certaines choses — la foudre et d'autres trucs —, mais quel type épatant. Il succombait sous les disciplines : sa femme, son travail et sa mauvaise vue. Sa femme était là, qui disait que, oui, son œuvre sentait trop le banlieusard : « Un peu de vos chasses au lion ne lui ferait pas de mal, à Jim. » Nous sortions boire un verre, et Joyce se prenait de querelle. Comme il ne pouvait même pas voir le type, il disait : « Réglez-lui son compte, Hemingway ! Réglez-lui son compte ! »*

_____

* Voir p. 72.

Cette amitié mérite d'être notée, car, à l'époque où il travaille à la *transatlantic review*, Hemingway révèle des traits d'humeur fort peu aimables. Ses sautes d'humeur, son irascibilité s'expliquent assez en temps de vaches maigres ; mais une amie de Hadley remarque avec pénétration quelque chose de plus grave fondamentalement : une tendance à se retourner contre ceux qui lui viennent en aide, de la rancune, de l'égoïsme, de la méchanceté, de la cruauté. Cette observatrice sagace, c'est Kitty Cannell, l'amie de Harold Loeb, juif expatrié dont le seul titre de gloire est d'avoir été champion de boxe des poids moyens à Princeton. Loeb adore Hemingway, et Hemingway semble l'adorer ; mais Kitty Cannell prophétise une trahison prochaine. Elle met aussi en garde Hadley, qu'elle considère comme un ange dont on exploite la patience, contre le caractère peu sûr de son mari. Prophéties fondées, dont la réalisation s'appliquera à la littérature aussi bien qu'à la vie privée.

En 1925, Hemingway « perce ». Edmund Wilson a fait lire à Scott Fitzgerald, ancien de Princeton comme lui, les récits et les esquisses des deux volumes parisiens de Hemingway ; Fitzgerald, très impressionné, a conseillé à Maxwell Perkins, des éditions Scribners à New York, d'écrire à Hemingway. Max Perkins est le directeur littéraire du grand éditeur. Il est incapable d'écrire lui-même un roman, mais capable d'aider les véritables romanciers à donner forme et poli à leur œuvre et à la rendre digne de la publication. Son plus grand titre de gloire est ce qu'il a fait pour Thomas Wolfe, ce génial citoyen de la Caroline du Nord qui pouvait écrire en se jouant un million de mots porteurs d'ondes et de vie, mais quant à mettre de l'ordre. Aux États-Unis, Perkins a créé un précédent que l'Angleterre sera relativement lente à suivre — à savoir, que le devoir du romancier consiste à fournir à l'éditeur une masse de mots, puis à s'en remettre à la chirurgie plastique du directeur littéraire. Ce précédent est, à mon avis, néfaste, bien qu'on lui doive de nos jours des romans fort estimés comme *Catch 22,* de Joseph Heller, que le directeur littéraire Robert Gottlieb aida à marteler, à façonner, à réduire et à polir pour en faire le chef-d'œuvre, ou presque, que l'on sait. Certains romanciers, dont je suis, continuent à résister aux invites à autoriser ce genre de *remake* de la part de l'éditeur. La sûreté du sens de la forme que possédait Hemingway, l'économie du style qu'il avait si chèrement acquise, ont rendu ce genre de chose impossible, en général, dans son cas.

Comme il arrive fréquemment, Hemingway a droit aux attentions de deux éditeurs à la fois, après une longue période où il n'a retenu l'attention d'aucun. Les éditeurs de Sherwood Anderson, Boni et Liveright, lui offrent une avance de deux cents dollars pour le recueil de récits qu'il vient de réunir sous le titre *de notre temps*. Notre auteur accepte avec joie. La lettre de Perkins, mise à la poste en même temps que cette offre, arrive inexplicablement à Paris avec dix jours de retard. Scribners est l'éditeur le plus réputé des deux, mais Hemingway s'est engagé à soumettre ses deux livres suivants à Boni et Liveright. Son astuce, pour se dégager de ce contrat, sera peu élégante, c'est le moins que l'on puisse dire. Il écrira une parodie de Sherwood Anderson, que, à la manière des *Eaux printanières* de Tourgueniev, il intitulera *les Torrents de printemps*. Les éditeurs attitrés d'Anderson ne pourront que refuser cette œuvre, et Hemingway se retrouvera libre de la donner, comme tout ce qu'il écrira ensuite, à Scribners.

De *notre temps* est un assez gros volume de seize nouvelles, reliées par les « vignettes » déjà parues dans *de notre temps* (je suis aujourd'hui en mesure de préciser que Hemingway détestait la fausse modestie de cette absence de majuscule, mais avait laissé Bird en faire à sa tête). Nick Adams, un des doubles de l'auteur, apparaît dans des histoires inspirées de souvenirs d'enfance comme « Le Village indien » et « La Grande Rivière au cœur double », beaux récits qui sont autant de confirmations de ce qui a toujours fait le talent de Hemingway. Il est rare qu'il se lance délibérément dans la rédaction d'un long roman. Sa manière est de commencer par une nouvelle, et, si elle paraît vouloir se développer, de la laisser en faire à sa guise. Peut-être était-il essentiellement un miniaturiste. Les

« vignettes » empruntaient à des observations plus récentes que celles des forêts du Michigan :

> *Par-delà les marécages de boue, Andrinople sous la pluie se hérissait de minarets. Le long de la route de Karagatch, il y avait un bouchon de quarante-cinq kilomètres de carrioles. Des buffles, et autres bêtes à cornes, traînaient ces carrioles dans la boue. Ni commencement ni fin. Rien que des carrioles, chargées de tout ce que possédaient les gens. Vieux et vieilles, trempés jusqu'aux os, à pied, avançaient, poussant devant eux le bétail. Le courant jaune de la Maritza montait presque jusqu'au pont... Une femme accouchait; une jeune fille tenait une couverture au-dessus d'elle en pleurant. Elle regardait, terrifiée. Il a plu durant toute l'évacuation.*

Voilà un exemple représentatif du style de Hemingway : dépouillé, objectif, « sans littérature ». Il s'agit d'une musique neuve, et on la reconnut comme telle. La critique réagit bien, mais pas le grand public; pas encore. Quant aux *Torrents de printemps,* c'est du pur Hemingway dans le ratage de la parodie. Sherwood Anderson déclare qu'un parodiste authentique, tel que Max Beerbohm, eût dit tout cela en une ou deux pages. Anderson, la bonté même, est trop gentil. L'opinion générale de l'époque devança celle de la postérité. L'unique auteur que Hemingway se révélera jamais capable de parodier, c'est lui-même.

Il groupe maintenant autour de lui, à Paris, dans les Alpes autrichiennes, à Pampelune, les amis qu'il immortalisera dans *le Soleil se lève aussi*. Ce livre, très gros succès commercial qui fait date dans le roman moderne, s'intitule *Fiesta* en Angleterre et dans la plupart des pays étrangers, hormis la France. Il est extrêmement fâcheux que le même ouvrage existe dans la même langue sous deux titres différents, comme un homme qui voyage à l'étranger sous un faux nom. Mais le livre existe ; on y retrouve, à peine déguisés, des personnages comme Harold Loeb et lady Duff Twysden, la blonde aux yeux gris et aux cheveux courts, qui boit sec, aime sec et incarne la dégénérescence du chic et de l'éclat. Loeb était amoureux fou d'elle, et Ernest lui porta sans doute plus d'intérêt qu'il n'y paraît. Mais la ravissante petite Pauline Pfeiffer, ancienne rédactrice de mode à *Vogue,* et qui ressemblait à un de ses mannequins, réservait à Hemingway plus qu'une simple occasion d'infidélité conjugale.

Il y a un autre ami, très capable, lui, d'assurer sa propre immortalité : Fitzgerald, auteur de grand talent et de grande délicatesse, coqueluche de l'Age du jazz qu'il a baptisé, sinon réellement inventé ; il a déjà derrière lui la réussite de *Gatsby le Magnifique*, que d'aucuns ont salué comme le seul roman américain parfait. Sa femme Zelda et lui sont un peu fous, paniers percés, et boivent comme des trous ; ils aiment le scandale, mais sans jamais tomber dans la vulgarité ; ils s'encanaillent, mais toujours avec élégance. Déjà, ils accumulent tous les documents de leur chute tragique et spectaculaire. Hemingway n'a pas la moindre sympathie pour Zelda, qui lui paraît dure, rapace, jalouse du talent de son mari (ce qui est vrai). Fitzgerald, qui doit prendre ses responsabilités devant son art, est irresponsable face à presque tout le reste. Ainsi, le jour où Morley Callaghan, que Hemingway a connu au *Toronto Star* et qui deviendra le meilleur des romanciers canadiens, boxe avec Hemingway, lors d'un passage à Paris. Malgré ses dix centimètres de moins, son poids plus léger, sa mauvaise forme, Callaghan se défend bien contre notre poids-lourd d'un mètre quatre-vingts. Fitzgerald chronomètre. Hemingway allonge un direct à Callaghan, qui contre, le cueille à la mâchoire et l'envoie au tapis. Alors s'élève la voix de Fitzgerald : « Ah, mon Dieu ! j'ai oublié, le round a duré quatre minutes ! » Hemingway ne lui pardonnera jamais sa négligence, et, bien sûr, il ne sera pas le seul à lui faire ce genre de reproche.

Le Soleil se lève aussi s'inspirera en majeure partie des événements de la fiesta de Pampelune de 1925. Hemingway et Hadley y assistent avec Lady Duff, Harold Loeb, Pat Guthrie (grand Écossais assoiffé, ami plutôt qu'amant de la dame), Bill Smith, ancien camarade de Hemingway du temps de Oak Park. Notre écrivain pontifie sur l'art tauromachique tout en vidant force bouteilles de vin, mais, lors d'une course d'amateurs, Loeb empoigne un des taureaux par les cornes et se livre à un numéro d'acrobatie dans l'arène. Ce qui excite la jalousie de Hemingway. En outre, l'attitude d'Ernest envers lady Duff devient possessive ; cela se manifeste non par le désir d'être son amant — bien que de toute évidence elle n'y voie aucune objection — mais par un violent ressentiment contre Loeb, qui semble bien avoir obtenu ses faveurs au début de l'été. Il y a là une attitude possessive et exclusive annonciatrice de la répudiation prochaine de Hadley. Le parc aux biches n'est pas exactement grand ouvert à Hemingway, mais il en garde pour ainsi dire l'entrée. Ce qui paraît le pousser à écrire ce premier roman, c'est un méli-mélo de sentiments à la recherche de leur catharsis, et où rivalisent remords, animosité, velléité. Ainsi Harold Loeb devient-il Robert Cohn, « camarade de tennis » du héros, personnage peut-être conçu pour être haïssable, mais — l'art manifestant plus de compassion que la vie — seulement comique en réalité, et de façon touchante. Lady Duff devient lady Brett, et Hemingway, Jake Barnes (dans les premières versions, Hem ou Ernie), journaliste qu'une blessure de guerre rend incapable d'amour physique et qui aime sans espoir Brett. Cette impuissance par personnage interposé est intéressante : la blessure de guerre symbolise dramatiquement une méfiance à l'égard de la sexualité, ou un blocage psychologique qui est le revers de la médaille de l'homme d'action rude et velu comme un mâle.

Les personnages de Hemingway traînent à Paris une existence vide d'alcooliques ; puis, à Pampelune, les voilà pris dans le rituel régénérateur, purificateur, de la corrida. Le roman évoque un peu *la Terre vaine*, d'Éliot, bien que Hemingway — qui a lu ce poème dès sa parution, en 1922 — n'ait jamais professé pour lui la moindre admiration ni même la moindre compréhension. Jake est une espèce de Roi Pêcheur, conscient de la désolation d'une vie sans amour, mais traumatisé, coupé de l'accomplissement du désir comme le dernier des Prufrock. Le salut dépend du sacrifice — non point celui de la messe (Jake est catholique, comme Hemingway — depuis une prétendue conversion en Italie — l'était de nom), mais un sacrifice relevant d'un rituel qui fait couler le vrai sang. La guerre en a fait couler pas mal, mais l'affrontement entre l'homme et le taureau est un choix : celui du face-à-face avec la mort, signifiant en un sens que l'on domine celle-ci. Tout cela, bien entendu, étant schématisation excessive.

Ce roman demeure un témoignage sur une « génération perdue ». L'expression est empruntée à Gertrude Stein, ou plus précisément au propriétaire du garage où elle faisait réparer sa voiture : il lui avait déclaré qu'il ne trouvait pas de bons mécaniciens parmi les jeunes hommes qui revenaient de la guerre ; c'était une *génération perdue*. Quant au titre du roman, il est emprunté à l'Ecclésiaste, et les résonances religieuses, même assourdies, confèrent une signification supplémentaire à des platitudes plus ou moins argotiques telles que « je suis déprimé en diable ». Il ne s'agit pas d'un livre déprimant ; c'est plutôt le contraire : il célèbre la permanence de la terre, la vie physique — l'eau vive, le soleil sur la nuque, le vin qui est aussi le sang, la pactisation avec la mort, la nourriture. A la fin de l'ouvrage, Jake fait un copieux repas ; malgré son impuissance, il se montre capable d'« aimer bien des choses ». *Le Soleil se lève aussi* est un livre « tonique », pour employer un terme éculé. A sa sortie en octobre 1926, il impressionne non seulement la critique, mais le grand public. C'est, à l'époque, l'un des rares ouvrages capables d'exercer une influence sur le comportement et la façon de parler. Lady Brett devient un modèle de langage et d'attitude pour toute une génération d'étudiantes. Le mâle à la Hemingway, dur, cabossé, stoïque, laconique, tirant une élégance du désespoir, commence à faire son apparition dans les bars chics. Hemingway, qui n'a pas encore trente ans, est « arrivé ».

Tout se paie. Si les jours d'obscurité, de vache enragée touchent à leur fin, il en va de même pour les jours idylliques de l'innocence, de la confiance, de la fidélité, de l'intégrité. Pauline Pfeiffer déclara son amour à Ernest : amour partagé. Hadley se demande jusqu'à quel point son mari veut vraiment divorcer. Si, dit-elle, Pauline et lui acceptent une séparation de trois mois, et que, au bout de ce délai, ils soient encore amoureux l'un de l'autre, alors, qu'ils se marient ! Pauline retourne donc aux États-Unis, pendant qu'Ernest vit à Paris en célibataire, travaillant d'arrache-pied à un volume de nouvelles, dans un studio de la rue Froidevaux, sur la rive gauche. Le studio appartient à Gerald Murphy, riche diplômé de Yale. Sa femme Sara et lui passent pour former le couple le plus heureux du monde, ainsi que le plus charmant et le plus hospitalier. Ils ont servi de modèles, dans une certaine mesure, aux protagonistes de *Tendre est la nuit*, de Fitzgerald. S'ils n'écrivent pas, ils connaissent tous les écrivains. Hemingway, bourrelé de remords, torturé de cauchemars, pleure comme un enfant lorsque Hadley exige le partage du mobilier. Il y a aussi le problème de Bumby, moins facile à partager. Il adore son père beaucoup plus que la grammaire française : « La vie est beau avec papa », répète-t-il. Hemingway s'arrange pour faire verser à Hadley tous les droits d'auteur des éditions américaines et britanniques de *le Soleil se lève aussi*, ce qui est bien le moins. Hadley dit qu'il peut divorcer tout de suite. Ernest se traite de salaud ; d'autres — en particulier les originaux de *le Soleil se lève aussi* — sont du même avis. Oak Park se montre sévère à l'égard du livre. La mère d'Ernest lui écrit de façon charmante qu'elle est persuadée qu'il peut encore faire quelque chose de méritoire, à condition de se fier à Dieu et de s'efforcer de L'aimer. Ernest continue à se traiter « d'enfant de salope ».

Titre du nouveau recueil de nouvelles :

Hommes sans femmes — rudes histoires de « durs » non tempérées par le sexe tendre. Les gens ont du mal à s'entendre avec Hemingway, entre ses mariages. Il voit beaucoup le poète Archibald MacLeish et sa femme, Ada. Celle-ci déplore l'agressivité d'Ernest en public et note qu'il s'en prend toujours aux hommes de petite taille. Lorsque, enfin, Ernest et Pauline célèbrent leur mariage catholique à Passy, Ada est écœurée par la désinvolture avec laquelle il affirme qu'il s'agit là de son seul mariage véritable, puisque Pauline est une bonne catholique de Saint Louis, et lui-même, un converti sous la mitraille. Quant à Hadley, elle n'est qu'une protestante de Saint Louis ; leur union n'a jamais été valide. Autant pour les années de confiance et d'amour, qui connurent le pire et non le meilleur, la pauvreté et non la richesse.

L'existence, à défaut de la littérature, fait de son mieux pour le punir. Son volume de nouvelles, publié en 1927, a du succès, mais Ernest lui-même souffre d'une mauvaise grippe, de maux de dents et d'hémorroïdes, à quoi s'ajoute une quasi-cécité, lorsque Bumby, autorisé à faire un séjour auprès de lui, enfonce le doigt dans le bon œil de son père. Parti pour skier avec MacLeish, il ramasse dix mauvaises bûches. A son retour à Paris, la lucarne de la salle de bains s'effondre sur lui, le blessant à la tête et nécessitant neuf points de suture. Il a commencé un nouveau roman et se demande s'il doit le finir à Paris. Les choses ont tourné à l'aigre. C'était la félicité ; ça ne l'est plus. Bien des années plus tard, il résumera tout cela dans *Une fête mobile* :

Avant l'arrivée de ces riches, une autre riche s'était déjà infiltrée entre nous, en se servant d'un truc vieux comme le monde. Cela consiste, pour une jeune femme non mariée, à devenir pour un temps la meilleure amie d'une autre jeune femme déjà mariée, à aller vivre avec le mari et la femme, et alors, inconsciemment, innocemment, implacablement, à entreprendre d'épouser le mari... Après le travail, le mari trouve auprès de lui deux jolies femmes. L'une est nouvelle, inconnue et, s'il n'a pas de chance, il se met à les aimer toutes les deux...

Quand j'ai revu ma femme, debout sur le quai alors que le train s'approchait du heurtoir, j'aurais voulu être mort avant d'avoir pu en aimer une autre. Elle souriait, son adorable visage hâlé par le soleil, et baigné de lumière, merveilleusement faite, cheveux d'or rouge dans la lumière, longs, ayant poussé tout l'hiver de façon maladroite et ravissante, avec M. Bumby debout à côté d'elle, blond, costaud, bonnes joues d'hiver...

Je l'aimais ; je n'aimais qu'elle ; la vie n'était qu'un adorable enchantement lorsque nous étions seuls. Je travaillais bien, nous faisions de formidables voyages, et je nous croyais de nouveau invulnérables... Telle a été la fin de Paris, première partie. Paris ne devait plus jamais être le même...

Hemingway a la nostalgie de l'Amérique ; non d'un endroit en particulier — comme Oak Park, où il n'a aucun désir de retourner — mais des grands et vagues espaces verts, des bêtes en liberté, des fleuves. Ce mal du pays tombe à pic : Pauline est enceinte et, comme Hadley avant elle, doit mettre au monde son enfant sur le sol natal. La fois précédente, c'était le Canada ; celle-ci, ce sera l'autre bout du continent. C'est John Dos Passos qui les y envoie : il délire sur la beauté des îlots de Floride, Key West en particulier. Key West devient le premier port d'attache américain de Hemingway mûri.

A Paris, il a professé non sans réticence une dévotion envers l'art sans égale parmi les esthètes des cafés, tout en posant au dur et au philistin pue-la-sueur. A Key West, il vise non pas à jouer les Grands Écrivains parmi les marins et les gens de la pêche, mais à apparaître comme un homme dangereux et mystérieux venu du Nord, grand contrebandier de l'alcool où chef d'un réseau de la drogue. Musculeux, pesant, au front la cicatrice de la lucarne, à la bouche le juron, il est ravi qu'on le prenne pour tout, sauf pour un écrivain. Ce désaveu apparent d'une noble vocation se rencontre souvent chez les artistes anglo-saxons, mais rarement chez les Français. Sir Edward Elgar, au faîte de la puissance et de la gloire, allait jusqu'à sembler honteux d'avoir écrit de la grande musique : il posait au turfiste, ostensiblement présent sur un champ de courses alors que l'on donnait *le Songe de Gerontius* au Queen's Hall. Les livres de Hemingway lui permettront d'être un homme d'action à plein temps : ils convertiront toutes ses années de maturité en une sorte d'été d'enfance magnifié dans les bois du Michigan. Mais à Key West il découvre quelque chose de plus vaste que ces bois : la mer large et profonde où pullulent le tarpon et le barracuda. Il devient un passionné de la pêche.

Pourtant, l'heure de s'installer en permanence au bord de la mer n'a pas encore sonné. Hemingway doit faire la connaissance de sa nouvelle belle-mère à Piggott (Arkansas), puis emmener Pauline faire ses couches à Kansas City, terre plus ou moins natale. Le couple séjourne avec Malcolm Lowry et sa femme au bord de l'Indian Lake, jusqu'à l'accouchement de Pauline. Hemingway lui-même connaît les douleurs de l'enfantement du roman qu'il intitulera plus tard *L'Adieu aux armes*. Plus de dix ans après, à la suite d'un immense effort, Lowry donnera *Au-dessous du volcan*, remarquable roman qui, bien que maintes fois découvert et redécouvert, ne parvient pas à s'imposer au grand public. Hemingway a plus de chance qu'il ne l'imagine. Ce qui, dans son cas, représente une révolution esthétique est, aux yeux de ce même grand public, d'une simplicité de livre pour la jeunesse. Le public gobe toute sa complexité comme une huître. *Au-dessous du volcan* proclamera sa propre complexité dans un style qui exige une mastication prolongée. Et cependant, Hemingway et Lawry ont en apparence beaucoup de points communs : gros buveurs tous deux, exilés, se châtiant eux-mêmes, avec la tragédie qui couve en eux sans que l'on s'en doute.

L'accouchement de Pauline est horriblement douloureux. Un garçon, que l'on baptisera Patrick, naît par césarienne en 1928, alors que Hemingway décrit froidement la mort en couches de son héroïne. Quant à la paternité, il a perdu le don de la trouver exaltante ; de fait, il manifeste un désenchantement de la vie d'ordre plus général — de l'espèce que la réussite apporte cruellement avec elle. L'écrivain arrivé peut vivre où il veut ; or, il veut vivre partout sauf à l'endroit où il a décidé de vivre. A la pêche et à la chasse dans le Wyoming, il a la nostalgie de Paris. Mais il sait bien que, à Paris, il aurait envie de Key West. Lorsqu'il ne se trouve pas en Espagne, il sait que rien ne vaut ce pays. Cette insatisfaction est, un moment, pulvérisée par le choc, la honte et les fatigues d'une responsabilité nouvelle — celle de chef de la famille Hemingway — : quand il apprend que son père s'est suicidé. Ed Hemingway s'inquiétait de l'état de ses finances, mais plus encore de sa santé. Incapable de trouver le sommeil à cause du diabète et de l'angine de poitrine, il a appuyé sur son oreille droite le canon d'un pistolet de la guerre de Sécession, et mis fin à ses jours. Hemingway est contre le suicide, non seulement en sa qualité de soi-disant catholique, mais parce que cela viole son code du courage. La mort a beau être inévitable, la vie est un bien. Courtiser la mort constitue un aspect de cette vie qui est un bien, mais épouser la mort, non, l'on n'en a pas le droit. Il faut toujours faire contre mauvaise fortune bon cœur, si accablante que soit la pression des circonstances. Le geste de son père le couvre de honte.

A sa sortie, *l'Adieu aux armes* suscite des critiques dithyrambiques et se vend bien. L'auteur n'a pu s'empêcher de regagner Paris. Il a emprunté son titre à l'*Oxford Book of English Verse,* comme il empruntera plus tard *Pour qui sonne le glas* à l'*Oxford Book of English Prose.* Ses titres et ses épigraphes sont le fruit non pas de lectures approfondies, mais d'une recherche superficielle, quoique prolongée, de ce qui sonne bien. *L'Adieu aux armes* est le titre d'un poème de George Peele, contemporain de Shakespeare. Le poème lui-même est sans rapport avec le roman :

> *Ses boucles d'or, le Temps les argenta ;*
> *O Temps trop prompt, qui jamais ne t'arrêtes !...*
> *Sa jeunesse a toujours répété l'Age et le Temps,*
> *En vain, hélas ; jeunesse se meurt en croissance ;*
> *Force et beauté sont fleurs qui se fanent ;*
> *Devoir, amour et foi, racines toujours vertes.*

Pourtant, Hemingway jouit d'une telle autorité que son titre a cessé de paraître un larcin. A la fin de 1929, après publication en feuilleton dans le *Scribner's Magazine,* la parution du roman inspire une chanson populaire, intitulée, comme il fallait s'y attendre, *Adieu aux bras* * :

> *Adieu les bras*
> *Qui, doux, me caressaient*
> *Adieu les bras,*
> *Adieu l'amour...*

George Peele était dépassé, et de loin.

Dix ans après la fin de la Première Guerre mondiale, les romans de guerre commencent à paraître : *Her Privates We,* du « 2e classe matricule 19022 » Frederic Manning, *A l'Ouest rien de nouveau,* d'Erich Maria Remarque, *Mort d'un héros,* de Richard Aldington — ainsi que les livres de souvenirs comme *Adieu à tout cela,* de Robert Graves (ce dernier ouvrage donne lieu à une autre chanson populaire : « Je rêvais à / Mille projets — / Adieu, tout ça... »). La longue gestation a été aussi nécessaire à *L'Adieu aux armes* qu'aux autres ; pourtant, Hemingway a dû se purger l'organisme non seulement de la guerre sur le front italien, mais de sa passion non consommée pour Agnès von Kurowsky. Agnès, devenue Catherine Barkley, infirmière britannique, rend son amour à Frederic Henry, un

---

* Jeu de mots sur *arms,* qui peut signifier à la fois *armes* et *bras.* (Note du traducteur.)

Hemingway qui a vraiment combattu et même connu la retraite de Caporetto. Elle meurt en couches, ce qui souligne un des principaux thèmes du livre : l'unité de la vie et de la mort (les soldats en retraite, avec leur cartouchière sous leur pèlerine, marchent « comme des femmes enceintes de dix mois »). Nous avons en surface une très romantique histoire d'amour, se terminant selon la règle du genre : par la mort de l'un des amants ; mais nous avons aussi, dans une fort belle prose, un exposé complexe sur la nature de l'engagement humain, avec, à l'arrière-plan, la guerre, dépeinte de manière saisissante. Avec ce roman, Hemingway gagne sur les deux tableaux : il atteint à un art d'une complexité peut-être supérieure à celle de *le Soleil se lève aussi*, tout en devenant un écrivain très populaire.

De fait, trois ans seulement après la publication du livre, il commence à toucher un public qui, bien qu'il ne lise pas, a soif de fiction romantique plus directe. *L'Adieu aux armes* est porté à l'écran pour la première fois, en 1932, avec Gary Cooper dans le rôle de Frederic, Helen Hayes dans celui de Catherine, et Adolphe Menjou dans celui du capitaine italien Rinaldi. Le film fait une concession au goût populaire en épargnant à Catherine le trépas final, au grand dégoût de Hemingway, et inaugure toute une série décevante de mauvais films tirés des œuvres de notre auteur. En 1958, *l'Adieu aux armes* donnera lieu à une adaptation plus adroite et plus

fidèle, avec Rock Hudson, Jennifer Jones et
Vittorio de Sica (metteur en scène : Charles
Vidor), mais dont le langage visuel ne parvien-
dra pas à égaler ce qu'il y a de remarquable
dans la prose de Hemingway. Quelle meilleure preuve de la nature essentiellement « littéraire » de l'œuvre de cet écrivain, que le long
cortège de médiocrités cinématographiques
auquel son œuvre a donné lieu ? Ce qui, à la
lecture superficielle, n'apparaît que comme un
simple scénario agrémenté de dialogues de
film nerveux, se révèle être finalement un
objet d'art verbal hautement ouvragé, dont la
signification réside tout entière dans les
rythmes du langage. Les *Tueurs* est le seul film
notable adapté de Hemingway, le seul que
l'écrivain acceptera de regarder : il le passera
de façon régulière sur son appareil personnel,
chez lui, à Cuba — même s'il s'endort le plus
souvent au cours de la seconde bobine.

Hemingway a maintenant trente ans, et
c'est le début des sinistres années 30, avec leur
prélude cacophonique, le krach de Wall Street
(notre auteur s'inquiète de l'effet que cela
risque d'avoir sur ses ventes, mais il ne quit-
tera plus la liste des best-sellers). Comme ses
romans et ses nouvelles ont exploité une
bonne partie de son passé, il lui faudra doré-
navant s'en tenir au présent. Les années 20 ont
constitué pour tous les arts une remarquable
décennie ; une ville, entre toutes, a paru l'ali-

menter : ce Paris, d'où les Américains rentrent maintenant chez eux, a été La Mecque d'une création diverse et brillante. Même les riches dilettantes et les ratés prétentieux ont donné de la saveur à cette époque et à ce lieu. Qu'aurait été Paris sans des hommes comme Harry Crosby — fondateur de la « Black Sun Press », séducteur, ivrogne, mauvais poète, suicidé sensationnel du New York de 1929 — ou sans les écrivains ou les peintres anonymes qui péroraient comme des génies en accrochant leurs excrétions polychromes ? Paris ne possédait pas le pouvoir magique de donner du talent à ceux qui n'en avaient pas ; il procurait seulement une atmosphère où l'on prenait l'art au sérieux, une tradition de solidarité entre artistes, et — ce qui n'était pas le moins important — bon nombre de francs pour un dollar. Paris a présidé au Mouvement moderne, lequel rejeta la doctrine libérale du progrès humain, de l'homme maître de son environnement, qui trouve son salut dans la science et l'organisation rationnelle de la société. En Europe, la « Grande Guerre » fut le naufrage de l'optimisme libéral. Désormais, il convenait d'accorder plus d'importance aux instincts de l'homme qu'à la raison : l'Homme naturel, ou animal, ou inconscient, remplace l'*Uebermensch* de H.G. Wells et la conspiration au grand jour de l'intellect planificateur. Si les guerriers, à leur retour, étaient las de quelque chose, c'était des doctrines périmées ; ils eurent assez d'énergie pour construire un art nouveau, fondé sur le refus de l'héritage d'avant la guerre. Tout était à refaire : langue littéraire, sonorités musicales, phénoménographie des arts visuels. James Joyce — exilé chronique et non simple expatrié — devait rester à Paris jusqu'à la chute de cette capitale en 1940, et pousser le modernisme jusqu'à ses limites. *La Veillée de Finnegan,* paru en 1939, apporte à l'entre-deux-guerres la conclusion qui convient. Mais Hemingway, qui a découvert son langage à Paris et s'en trouve maintenant satisfait, est promis au succès dans un environnement où la réussite ne peut représenter qu'une espèce de corruption morale ou esthétique. Après *l'Adieu aux armes,* Hemingway écrira de belles choses, mais ne souhaitera pas, à la différence de Joyce, défricher de nouveaux territoires.

Hemingway est donc arrivé ; malgré sa jeunesse, il se considère comme l'un des patriarches de la littérature américaine. Il commence à devenir le papa de tout le monde, mais rarement un papa bienveillant. Il se spécialise dans les assertions pontifiantes, les réprimandes arbitraires, les menaces brutales, les châtiments en coup de poing. D'un ton protecteur, il dit à Scott Fitzgerald comment il doit écrire ses propres romans. Il rencontre Allen Tate — le distingué poète et critique du Sud, qui, peut-être à regret, a dû reconnaître que *l'Adieu aux armes* était un chef-d'œuvre — et il lui déclare que le nombre d'orgasmes alloué à chaque homme est déterminé à la naissance et que l'on ne doit pas trop faire l'amour dans sa jeunesse afin de s'en réserver quelques-uns pour l'âge mûr. (Autre aveu détourné de ses propres insuffisances sexuelles ?) Il affirme aussi, sans preuve, que Madox Ford est sexuellement impuissant. Il découvre qu'Archibald MacLeish, incapable de nourrir une famille avec ses poèmes, travaille à la revue *Fortune,* de Henry Luce ; du coup, il édicte le code de l'intégrité artistique en se flattant d'être lui-même (à qui Luce vient d'offrir 1 000 dollars pour 2 500 mots sur la tauromachie) au-dessus d'aussi viles compromissions. Le journal *Bookman* a traité Hemingway d'écrivain « sale » ; Hemingway menace d'aller casser la figure du rédacteur en chef. Son vieil ami et éditeur McAlmon raconte partout, à en croire Scott Fitzgerald, que Pauline est lesbienne, et Ernest, une pédale qui bat sa femme. Hemingway riposte que McAlmon est trop minable pour qu'on le réduise en bouillie, mais qu'il se demande s'il ne devrait tout de même pas aller lui casser la gueule dans son propre intérêt. La rumeur veut que Morley Callaghan se soit vanté d'avoir mis Hemingway K.O. et ce dernier lui expédie un télégramme furibond, exigeant des excuses publiques. Hemingway s'emploie à se fabriquer un personnage de dur, de pauvre gosse qui a dû se bagarrer pour arriver au sommet et qui, avec tout juste quelques livres derrière lui, est déjà un vétéran des lettres, couvert de cicatrices et suprêmement qualifié pour dispenser les bons conseils aux apprentis (Scott Fitzgerald, par exemple). Les âmes peu charitables pourraient dire que la brute et le menteur sont en plein épanouissement chez lui ; les âmes encore moins charitables, que tout cela n'est rien en comparaison de la suite ; les plus charitables, qu'il écrit bougrement bien, et qu'il a droit à ses craques, à ses humeurs.

La nature, comme d'habitude, se charge de le châtier. Elle l'avertit même de ne pas trop manger ni boire — ce que cet homme arrivé et célèbre se juge en droit de faire — en lui enflant les doigts comme des saucisses après une saison de ripailles en Espagne.

Pour un homme qui a passé ses premières années de créateur au pays de la gastronomie, il aura des goûts peu raffinés : il aimera les oignons des Bermudes au petit déjeuner, avec de pleines cuillerées de chutney et de pickles à la moutarde sur sa viande matinale, et de la marmelade d'orange sur ses steaks d'ours faisandé. Il devient un redoutable buveur. Le directeur du Gritti, le palace de Venise, m'a raconté que trois bouteilles de Valpolicella ne lui faisaient point peur pour commencer la journée ; puis venaient les daiquiris, le Scotch, le tequila, le Bourbon, les Martini sans vermouth. Le châtiment physique de l'alcool se fera attendre ; en un sens, Hemingway le recherchera activement ; les autres punitions sont gratuites, à ce qu'il semble, et immédiates : maux de reins pour avoir pêché en Espagne dans des eaux trop fraîches ; déchirure d'un muscle de l'aine pour une raison non spécifiée lors d'un séjour à Palencia ; un doigt entaillé jusqu'à l'os dans une mésaventure avec le punching-ball ; bras, jambes et visage lacérés par les épines et les branches, lors d'une course à travers une forêt profonde du Wyoming sur un cheval emballé.

Et la liste est loin d'être close.

Maintenant, les Hemingway habitent Key West. C'est une île chaude et humide, que rafraîchissent les vents alizés de l'Atlantique, avec bars de marins bas de plafond, restaurants espagnols, cocotiers, vieilles maisons blanches d'une certaine élégance délabrée. Un important trafic licite sillonne les eaux de cet ancien champ d'action des pirates. Un bar porte le même nom que le bar le plus connu de La Havane (distante de moins de deux cents kilomètres) : *Sloppy Joe's*. Carmen Miranda le chantera ; Bing Crosby susurrera « *See you in C.U.B.A.* » (A un de ces jours à Cuba). A l'époque, Cuba est pour l'Amérique un terrain de jeu. Bientôt, Cuba paraîtra à Hemingway plus *simpatico*, plus *echt* que Key West. Mais en attendant, Key West et la vieille maison de pierre que l'oncle de Pauline leur a donnée en tardif cadeau de mariage sont un bon endroit où rentrer après la pêche au tarpon dans les eaux de l'île de la Tortue, ou la chasse à l'ours dans le Wyoming.

Le travail littéraire de Hemingway devrait marcher désormais comme sur des roulettes, sans un accident de voiture dans le Wyoming. Aveuglé par les phares d'un autre qui arrive en face, il jette sa Ford dans le fossé et reste coincé dessous. Fracture compliquée du bras. Il peut dire à Max Perkins que, depuis qu'il a signé un contrat avec Scribners, il a eu : un anthrax infecté, une lésion du globe oculaire, une énorme blessure au front par un éclat de verre, des maux de reins, un doigt tranché, le visage, la jambe et le bras ouverts, et maintenant une fracture.

Le livre qu'il essaie d'écrire vers cette époque, c'est *Mort dans l'après-midi,* une étude prolixe sur la métaphysique de la tauromachie, publiée en 1932. Cela nécessite de fréquents voyages en Espagne, où une révolution est en cours sans gêner les corridas pour autant. Les ecclésiastiques rencontrés en route par Hemingway — prêtres espagnols exilés du Mexique où ils ont eu droit déjà à une révolution — craignent que la populace républicaine ne viole les religieuses et ne brûle les églises. Pourtant, Madrid, bien que républicaine à cent pour cent, laisse une impression d'ordre, un peu bruyante cependant. En sa qualité de soi-disant catholique, Hemingway devrait être pour les carlistes, qui font retentir Pampelune du cri de *Viva Cristo Rey!* Mais son prétendu catholicisme ne l'empêche pas de se ranger — de façon tout à fait apolitique — du côté du peuple, longtemps tyrannisé et qui maintenant exulte de jouir d'une liberté hélas fort éphémère. Quant aux vrais catholiques et anglo-catholiques de convictions libérales, c'est pour eux une période bien gênante. L'Église espagnole a toujours fait bloc avec les inégalités séculières flagrantes et la corruption gouvernementale ; on est contraint de haïr les prêtres et les évêques en même temps que la monarchie déposée. Certains catholiques

Des GI's rencontrent leur auteur favori à la veille du débarquement en Normandie.

Ci-contre : la famille Hemingway en 1909.

Les enfants Hemingway lorsqu'ils habitaient 600 North Kenilworth Avenue, Ernest, Madelaine (Sunny), Marcelline, Ursula, Leicester et Carol.

Ci-contre : le jeune Ernest en pêcheur dans les régions sauvages du Michigan. Ses prises ultérieures devaient être bien meilleures.

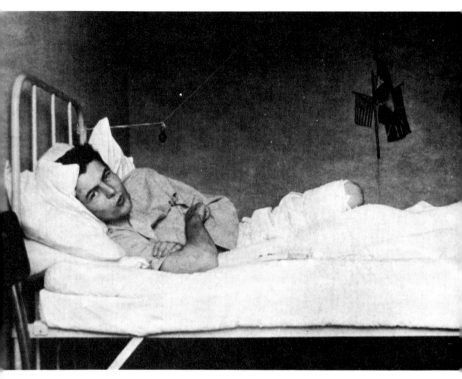

Les conséquences de la guerre :
Hemingway lieutenant à Ospedale Croce Rossa Americana.

Ci-contre : l'infirmière major Agnès Hannah von Kurowsky, l'élue entre dix-huit infirmières.

Page de droite : Hemingway avec ses béquilles.

9

Le jour du mariage, avec Elisabeth Hadley Richardson, le 9 mars 1921.
A propos de ces cadeaux de mariage Hemingway écrit : Trois pendulettes
de voyage / font tic-tac sur la cheminée, / mais le jeune homme crève de
faim. Ce qui était légèrement exagéré.

Sherwood Anderson qui a conseillé aux jeunes mariés d'aller à Paris.

10

mes Joyce, pauvre mais tiré
uatre épingles, avec Sylvia
ach devant "Shakespeare
Cº", en 1920. Ulysse à dé-
t de grands éditeurs cou-
geux, sera publié par Sylvia
ach.

ce en conversation avec
e dans la librairie.

Gertrude Stein à Paris. Cette Américaine expatriée, qu s'efforçait d'assainir la langue anglaise, prit Hemingway sous son aile.

Joyce en 1934. Découragé pa de graves troubles oculaire. allant par intermittence ju qu'à la cécité, il n'en cont nuait pas moins d'écrire so grand ouvrage révolutio naire, *Fiornegan's Wake*.

15

hn Dos Passos à Sehruns
utriche) au milieu des an-
es vingt. Plus connu par
trilogie, révolutionnaire-
uchiste U.S.A., il a été consi-
ré par Jean-Paul Sartre
mme le plus grand roman-
r du siècle.

16

mingway, qui commence
tre mordu par la taur.oma-
que, assiste à une corrida à
drid en 1923.

17

Pampelune en Pays basque (Navarre). Chaque matin au cours de la Fiesta de San Fermin, les taureaux galopent jusqu'à la Plaza de Toros, les jeunes gens de la ville courent devant, en affrontant la mort.

18

Hemingway dans la cour de son nouveau logement parisien, rue Notre-
Dame-des-Champs en 1924. "Ma seule raison de faire du journalisme,
devait-il dire plus tard, c'est que j'étais bien payé."

Ford Madox Ford,
grand éditeur et au-
teur de ces deux chefs-
d'œuvre : *The Good
Soldier* et *Parade's
End* (1923).

Ce fut la gloire de Hemingway, en tant que rédacteur en chef (
revue, de publier le chef-d'œuvre de Gertrude Stein éditée pour
première fois.

the

VOL. II. N
August

transatlanti

*Edited in Paris
by* F. M. FORD

revie

CONTENTS

VERSE

CHRONIQUES

COMMUNICATIONS

MUSICAL SUPPLEMENT

LONDON :
DUCKWORTH & Co., 3 Henrietta St., W.C.2.
2/

NEW YORK :   PARIS :
Thomas Seltzer, Inc.   Transatlantic Review Co.
50 c.   7 FRS. 50

Erza Pound, poète, éditeur, ami des écrivains désargentés, dans son studio parisien. Ceux que Pound avait aidés n'en étaient pas moins prêts à l'écharper à la première occasion, si l'on en croit Hemingway.

Ci-dessous : page de titre de *Torrents du printemps*.

22

23 Maxwell Perkins, l'éditeur de Hemingway, au début de sa carrière chez Scribner.

Les Murphy et les Hemingway à Pampelune en 1926. Au milieu, Pauline Pfeiffer, la jeune femme qui, "innocemment", allait briser le ménage de l'écrivain et devenir sa seconde épouse.

Zelda Fitzgerald. Hemingway avait deviné que, jalouse du talent de son mari, elle allait essayer d'entraver sa carrière.

Scott Fitzgerald avait écrit à Maxw Perkins en 1924, à propos de Hemir way : "Voilà un écrivain!"

Hemingway, Hadley
des amis à Pampe-
ne en 1925.

uelques années plus
rd, Hemingway té-
oigne de la fraternité
e l'homme et du tau-
au.

Ci-dessus : Hemingway et Pauline, la seconde Mme Hemingway.

En haut, à gauche : Sara et Gerald Murphy (à droite), à Vienne dans les années 1920.

Ci-contre : les jours heureux de Hadley et Bumby à Paris, 1924. Hemingway éprouvait un vif sentiment de culpabilité à l'idée de détruire son mariage.

Hemingway et Bumby à Key West en 1928. C'est le début de la pêche aux gros poissons.

Hemingway et son père faisant preuve d'amitié, quoique le fils se sentait tellement plus mûr que son père qu'il pouvait à peine le supporter.

Première page du manuscrit de *L'Adieu aux armes*. Les corrections au crayon puis à la machine à écrire sont importantes.

Un portrait typique de Hemingway dans les années 1920 : beau, brutal, méfiant.

La maison de Hemingway à Key West (Floride). Dans un climat maritime et tropical, Key West était délabrée. Les marins se bagarraient dans des bars sur des airs de rumba. L'endroit convenait parfaitement à Hemingway.

Maxwell Perkins, le gran
éditeur, avec Hemingway
Key West (Floride) en janvi
1935.

Hemingway. Son premi
safari en 1932.

Marlene Dietrich, une amie de toujours, image de la fascination hollywoodienne, surnommée par Hemingway de peu galante manière "la Kraut".

Hemingway, entouré d'admirateurs, a pris un espadon à Havana Harbor, en 1934.

41

Hemingway et Martha Gellhorn, la troisième Mme Hemingway, avec leurs trophées de chasse à Sun Valley, fin des années 1930.

Martha et Hemingway en Chine, 1941. "Un pays à la fois merveilleux et compliqué." Martha demande : "Si tu m'aimes, laisse-moi la Chine!"

42

Le Pilar, bateau de guerre contre les nazis... et les poissons.

Hemingway à Dorchester, Park Lane, Londres en 1944. Le correspondant de guerre rencontre au petit déjeuner – jambon, œufs et whisky – la presse.

Mary Welsh, la quatrième et dernière Mme Hemingway.

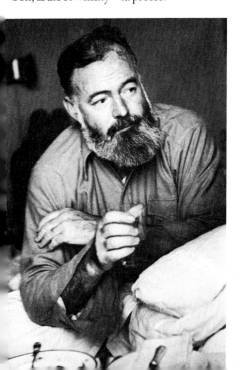

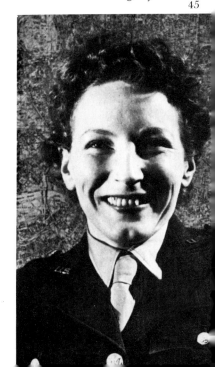

Coqs de combat élevés par le jardinier de Hemingway.
«Où, ailleurs qu'ici, peut-on en toute légalité dresser des coqs de combat et parier sur ceux en lesquels on croit ? Certaines gens agrafent les combats de coqs pour leur cruauté. Mais que diable un coq de combat aime-t-il plus dans la vie que de se battre ?...»

Ci-contre : les Hemingway à Venise, en 1949. Hemingway disait : "Venise, c'est du tonnerre !"

En bas, à gauche : avec Mary à Cortina d'Ampezzo.

Ci-dessous : Adriana Ivancic, modèle de Renata dans *A travers le fleuve et dans la forêt*.

48

49

Hemingway, Mary, Rocky
Gary Cooper. Un important con[...]
liabule à Sun Valley, en 1946.

Hemingway et Mary, comme
se doit, devant le Kilimandjar[...]
la montagne dont le somm[...]
ouest est appelé par les Mas[...]
Ngajè Ngajé, la Maison de Di[...]
écrit Hemingway dans *Les Nei[...]
du Kilimandjaro.*

52 Hemingway campe avec Philip Percival, dont il a loué le courage dans
Les Vertes Collines d'Afrique, et un ami non identifié.

.53

L'appareil avec lequel il s'est écrasé.

Ava Gardner, la star de
Tueurs et des Neiges d
Kilimandjaro, l'une d
nombreuses "filles" d
Hemingway.

Hemingway, en posa
pour un portrait, prou
qu'il a de vrais poils s
la poitrine.

56 Hemingway et Castro en 1960 : après vingt années passées à Cuba,
l'écrivain avait déclaré l'année précédente aux journalistes qu'il se sentait
un vrai Cubain.

57 La dernière maison de Hemingway : Ketchum, dans l'Idaho.

58 A Ketchum : "Je n'arrive pas à remonter la
    pente".

anglo-saxons, comme le poète sud-africain Roy Campbell, seront logiques en se battant pour Franco, le moment venu. D'autres, tel Evelyn Waugh, feront preuve d'une réserve prudente au cours du conflit. Hemingway soutiendra le peuple espagnol sans belligérence active, la machine à écrire Remington ayant plus de pouvoir que le fusil Remington ; et puisque le catholicisme de notre auteur n'est que nominal, il peut le déposer momentanément, voire pour toujours, au vestiaire, sans risquer de trop fortes angoisses spirituelles. Il sera lucide sur la situation espagnole dans son ensemble : il ne verra, dans le bref paradis républicain, guère plus qu'une prolifération de la bureaucratie et que peu d'amélioration pour le sort de l'homme de la rue. En attendant, le culte du taureau lui échauffe le sang plus que la politique.

Mort dans l'après-midi paraît donc en 1932. Curieux ouvrage, tantôt fastidieux, tantôt d'un intérêt passionnant. Le Hemingway des reportages de jeunesse pour le *Toronto Star* voyait les choses avec acuité, et les restituait avec la même acuité, en restant lui-même discrètement à l'arrière-plan. Lorsqu'il lui fallait venir à l'avant-scène pour exprimer un jugement, il le faisait en général dans un éclair d'individualisme tout à fait charmant. Le Hemingway du livre sur les taureaux est, lui, toujours présent, paternel, grand et fort comme papa, omniscient, bravache, quelquefois raseur, souvent très content de soi, s'écoutant toujours parler. Max Eastman intitule assez justement sa critique : « Taureau * dans l'après-midi. » Il attaque à bon droit Hemingway sur son attitude de faux dur, ses effusions romantiques et sa tendance, inévitable chez le dur, à la sentimentalité.

En dépit de tout, *Mort dans l'après-midi* contient bon nombre de renseignements solides sur l'art tauromachique, côte à côte avec les dissertations quelque peu décousues de l'auteur sur la nature de la vie et de la mort. Il prétend bien connaître l'attitude espagnole, et surtout castillane, envers ces deux inséparables : les ténèbres sans fin ou le néant ou le *nada* succédant à la brève clarté du soleil. Dans une nouvelle magistrale, intitulée : « Un endroit propre et bien éclairé », il présente avec une grande intensité cette horreur du *nada* sous la fiction du garçon de salle si heureux dans le restaurant propre et bien éclairé où il travaille qu'il ne veut pas sortir dans le noir. *Mort dans l'après-midi* nous propose plus que des fictions : une philosophie verbeuse. La vie est trop courte pour tout, sauf pour une chose, la seule qui soit capable de faire baisser les yeux à la mort : la dignité humaine. Mais on peut aussi vaincre la mort en la réduisant au rôle de servante, en la forçant à exécuter sa tâche sur notre ordre, en apprenant l'art de tuer de manière à pouvoir chanter la mort comme on chante un hymne. Ce meurtre ne doit pas être le carnage du champ de bataille

---

* Qu'il faut prendre ici dans le sens de : « brute » (Note du T.).

ou de l'abattoir. On choisit le taureau pour victime parce qu'il est gros, fort, doué de libre arbitre comme toutes les créatures supérieures du bon Dieu. Il y a même en lui un élément divin qui remonte au culte de Mithra. Il est libre de tuer, et le matador aussi risque délibérément sa vie par un geste d'orgueil humain, de dignité, de panache. Triomphe et tragédie sont liés dans un rituel enraciné au plus profond d'antiques dogmes païens de vertu et de courage humains.

Il arrive à Hemingway d'aller plus loin. Il ne semble pas voir que, pour la majorité de ceux qui se pressent dans les arènes, ce qui plaît dans la course de taureau, c'est la certitude de blessures graves et, souvent, de la mort : les spectateurs sont aussi ignoblement assoiffés de sang que les populaces romaines se repaissant du spectacle de chrétiens déchirés par des lions affamés. Quand le cheval du picador perd ses tripes, ce n'est, dit Hemingway, que simple interlude comique dans le déroulement pourpre de la tragédie jusqu'à la minute de vérité. Son anthropomorphisme fait du taureau courageux un héros impassible, qui dédaigne de gémir ou de beugler. Hemingway exprime, par l'entremise de la corrida, certains mouvements de son âme. L'obsession de la mort et du meurtre semble jaillir du remords, et nous devinons que l'auteur ne s'est pas pardonné d'avoir abandonné la femme qu'il aimait. Une certaine hystérie s'exprime dans l'écriture lâche et répétitive, peu caractéristique de Hemingway, ainsi que dans le déploiement gratuit d'images de destruction à la Goya. L'écrivain paraît vouloir faire partager à son lecteur le sentiment de souillure et de malaise qu'il éprouve lui-même.

Pour quiconque a, comme moi, vécu dans la péninsule Ibérique, *Mort dans l'après-midi* perd beaucoup de ses défauts avec la patine du temps qui en fait un classique. Je n'ai jamais aimé la tauromachie ; je n'ai jamais eu envie d'apprendre à l'aimer ; je n'en reconnais pas moins les métaphores de son rituel. A la suite d'une corrida, j'ai mangé une grillade de taureau tué, et je puis témoigner d'un curieux sentiment de participation sacramentelle, aussi valide que celui qui peut venir de la religion à laquelle, de façon moins verbale que Hemingway, j'ai appartenu. Ce livre contient des intuitions et des vérités ; peut-être ses absurdités, sa métaphysique de bistrot, ses pompeuses longueurs sont-elles nécessaires pour mieux les faire ressortir. Ce n'est pas un ouvrage que l'on rejette aisément, d'un haussement d'épaules.

Obsédé par la mort, en particulier par celle qu'il a commencé d'infliger avec allégresse aux espadons des eaux cubaines, Hemingway n'est pas trop heureux lorsqu'elle paraît le désigner lui-même du doigt. Mis en nage par une lutte vaine avec un monstre des mers, il est surpris par une averse de pluie et attrape une broncho-pneumonie. Au cours de sa convalescence, il corrige les épreuves en placards de son nouveau livre et voit, en haut de chacune des longues feuilles, des formules innocentes qui lui semblent grosses de menace : « *4 Gal* * *80. Mort de Hemingway 11 1/2 — 14 Scotch.* » Il ne s'agit là, bien entendu, que de l'abréviation, par l'imprimeur, du titre complet, mais c'est comme si Hemingway, en ingurgitant trop de whisky, s'était réglé lui-même son compte : quatre *gallons* (1 gallon = près de 5 litres) de quatre-vingts *proof* **, quatorze « doubles » scotches — tout cela concorde. Superstitieux, d'une susceptibilité maladive, il gronde qu'il va tordre le cou à un certain nombre de salauds ; après quoi, de fort méchante humeur, il s'en va tuer élans, orignaux, ours bruns et petits oiseaux.

Nulle chanson populaire ne célébra *Mort dans l'après-midi* comme avait été célébré *l'Adieu aux armes.* Toutefois, le livre donnera son nom à un cocktail que j'ai goûté pour la première fois au bar de l'aéroport d'Auckland, en Nouvelle-Zélande : mélange d'absinthe et de champagne méritant assez bien son appellation. Sur le moment, la critique est loin d'être enivrante. Eastman écrit que le style littéraire de Hemingway ressemble assez à « du faux poil sur la poitrine », ce qui fait exploser notre auteur : Eastman, déclare-t-il, est un porc, un traître doublé d'un impuissant, jaloux à en crever d'un vrai homme « capable de les réduire tous en bouillie » et d'écrire aussi

---

* *Galley-proof :* épreuve en placard. (N. du T.)
** *Proof* signifie à la fois épreuve et teneur en alcool d'un spiritueux. (N. du T.)

bien. Un de ces jours, assure-t-il, il fera de la marmelade d'Eastman. Il finit par en avoir l'occasion dans le bureau de son directeur littéraire, Max Perkins, qu'il trouve justement en conversation avec l'autre Max (Eastman) à propos du nouveau recueil d'essais que celui-ci doit publier. D'abord, Hemingway se contente de comparer en souriant son torse velu avec la poitrine glabre d'Eastman ; ensuite, il s'aperçoit qu'Eastman se propose de faire figurer « Taureau dans l'après-midi » au nombre des essais, et il entreprend de lui casser la figure. Il n'y aura pas de blessé.

Hemingway ne peut menacer Gertrude Stein de lui casser la figure ; pourtant, elle dit sur lui des choses désagréables dans ses mémoires, *Autobiographie d'Alice B. Toklas* (celle-ci était l'amie et la compagne de Mlle Stein). Elle souligne tout ce que le style de Hemingway doit à elle comme à Sherwood Anderson, et déclare aussi que ce rejeton assez indigne n'est qu'un « déballonné ». Hemingway réplique qu'elle est « une gouine, et qui n'aime que les gouines » ; quant à lui, il n'est pas « une tapette », il a des *cojones ;* en outre, il sait écrire, et il va le prouver par un autre recueil de nouvelles (*Le gagnant ne gagne rien*), et on verra ce qu'on verra — le diable les patafiole tous ! Pour prouver ses capacités sexuelles, il commence une série de vigoureux articles sur la chasse et la pêche, dans un nouveau magazine pour hommes, un magazine qui a du vrai poil sur la poitrine et de vraies *cojones,* bien que son titre sente fâcheusement l'insipidité bour-

geoise, voire un tantinet « angliche » et snobi-
narde : *Esquire* (« Monsieur »). Ah ! Il va leur
montrer, à ces salauds !

Durant tout ce temps, Pauline demeure
une bonne épouse et un solide copain ; elle lui
donne encore un fils, ce qui fait trois au total
des mariages d'Ernest. Hélas ! une vieille
superstition dit que l'homme incapable d'en-
gendrer des filles n'est pas tout à fait un
homme ; mais patience ! on a encore tout le
temps d'en faire. Sa première femme, Hadley,
apaise le remords qu'il a de l'avoir abandonnée en épousant Paul Scott Mowrer, le
nouveau rédacteur en chef du *Chicago Daily
News*. La route sera bientôt ouverte à la
deuxième désertion de Hemingway, tempérée,
comme la première, d'une espèce de fidélité,
puisque la troisième épouse sera, elle aussi,
originaire de Saint Louis. Pour le moment,
Pauline est la femme qui sied : elle accepte
avec enthousiasme de l'accompagner en
Afrique pour chasser le fauve.

Voilà environ un an que Hemingway
songe à ce coûteux safari. Ce n'est pas une
simple affaire de curiosité du continent
noir ; notre auteur a commencé d'échafauder
une philosophie de l'héroïsme, qu'il convient
de soumettre à l'épreuve de l'action. Les Américains ont conquis toutes leurs frontières ;
l'ère de Natty Bumppo, le héros frontalier de
Fenimore Cooper, est révolue. On n'a pas
toujours une guerre mondiale sous la main
pour vérifier son cran et son adresse au tir. La
tauromachie est sans nul doute une activité

héroïque, mais, pour la pratiquer, il faut être du métier, et de préférence espagnol. Pour la tauromachie, Hemingway a fait ce qu'il a pu (il prétend avoir assisté à un millier de mises à mort avant d'écrire *Mort dans l'après-midi*), mais il a toujours été dans les tribunes, jamais dans l'arène. En Afrique, il passera à l'action directement, non par personne interposée. Certes, il a bravé les gros poissons des profondeurs marines, mais le poisson n'est pas la chair de sa chair, comme le taureau. Il est proverbial que les lions sont encore plus nobles et plus dangereux que les taureaux. Aussi faut-il aller en tuer quelques-uns en Afrique.

A la fin de l'automne 1932, Ernest et Pauline débarquent à Mombasa, puis font en chemin de fer le long voyage de Nairobi. De là, ils se rendent à Machakos, dans les monts Mua, où le grand chasseur blanc Philip Percival accepte bientôt d'être leur guide en safari. Les deux hommes sympathisent. Percival est courtois, brave ; il abonde en belles histoires de chasse. Pour tirer, Hemingway doit chausser des lunettes, mais il brûle d'apprendre et s'instruit vite ; en outre, il est charmant ; en outre encore, il est humble. Bien entendu, cette humilité disparaîtra avec son adresse grandissante à tuer le kongoni, l'impala, la pintade et la gazelle. Le porteur de fusils, M'Cora ou M'Cola, n'est pas impressionné par Hemingway ni même par aucun des hommes de l'expédition, mais il estime fort Pauline, qui a à peu près sa taille et qu'il appelle *mama*. Pauline est la première à tirer au petit bonheur la chance sur un lion ; mais Ernest, qui tire aussitôt après avec son Springfield, abat la bête, alors qu'elle n'a fait que l'égratigner. M'Cora ou M'Cola, ainsi que les autres boys, jurent que c'est le lion de Pauline : « *Mama piga simba.* » Ils entonnent le chant du lion, font le tour du campement en la portant en triomphe. Hemingway fait grise mine : les autres n'ont pas le droit de tricher.

Mais, un peu plus tard, il a indiscutablement son lion : en plein cou. Il est fier de son exploit — honteux aussi. Les mouches grouillent sur le torrent de sang qui s'écoule du fauve ; la belle et royale créature à crinière sombre, aux muscles qui tressaillent encore sous la robe fauve, a été souillée ; sa blessure est un nid obscène de mouches bourdonnantes. Et c'est lui, Hemingway, qui est responsable de cette dégradation. Il mérite une punition : ce sera une dysenterie amibienne. Plus : il souffre d'une descente du rectum. Il faut le transporter par avion, non sans difficultés ni souffrances, jusqu'à un hôpital de Nairobi, pour qu'on lui fasse des injections d'émétine. Bientôt, il se sent mieux, et cent fois mieux encore en apprenant que son volume de nouvelles, *Le gagnant ne gagne rien,* se vend bien. Le mauvais et le bon ne vont jamais l'un sans l'autre ; le tout est d'avoir la capacité d'encaisser.

Et il faut encaisser les mouches tsé-tsé, les

serpents et ces satanées conardes de hyènes (tous ayant leurs pendants dans le monde des lettres), en même temps que l'exaltation de tuer le rhinocéros et le buffle (égale à celle que procure le point final mis à un livre, bien qu'elle soit à moindres frais). Il faut encaisser aussi la déception de ne pas tuer un aussi gros koudou que le voisin. N'empêche que, à l'arrivée des pluies, quand tout est fini, notre chasseur doit reconnaître qu'il ne s'en est pas mal tiré du tout. Il en rapporte aussi, même s'il reste à l'écrire, un livre médiocre et peut-être ses deux meilleures nouvelles.

La traversée du retour, à bord de l'*Ile-de-France,* vaut à Hemingway une amitié nouvelle et prestigieuse. Un soir, Marlene Dietrich fait à la salle à manger une entrée sensationnelle pour se joindre à un groupe. Il y a déjà douze personnes à table ; elle va se retirer par superstition, quand Hemingway, tout charme dehors et prompt comme l'éclair, se présente à elle en déclarant qu'il serait enchanté de faire le quatorzième. Il l'admirera toujours et, en signe d'affection, la surnommera « *la Kraut* ». Jamais il ne se vantera d'avoir couché avec elle : il racontera que, deux deux, il s'en trouvait toujours un qui en avait envie au mauvais moment — alors que l'autre était jusqu'au cou dans une nouvelle passion. Il lui donnera des conseils d'oncle avisé, qu'elle suivra toujours ; il ne la taquinera pas comme il taquinera les autres « gamines », il lui accordera le rare privilège de l'appeler Ernest. Je crois qu'elle lui faisait un peu peur.

Cornes, têtes, peaux et autres trophées tangibles de l'aventure africaine arriveront plus tard, à grands frais, par un autre bateau. Mais, de retour à Key West, on peut commencer presque aussitôt le déballage des souvenirs, pour en faire un livre qui s'intitulera *les Vertes Collines d'Afrique,* livre qu'il convient d'examiner brièvement dès maintenant. Bien qu'il ne soit pas bon, il se veut optimiste. Si le volume sur les courses de taureaux envisage la mort sous un angle tragique, celui sur la chasse aux lions considère l'assassinat des bêtes sauvages d'un cœur léger, en toute innocence, en fonction d'un code viril de la chasse et de la saine cordialité d'une compétition loyale. « Tuer quoi que ce soit m'était égal... à condition de tuer proprement... Tous ces animaux devaient mourir un jour... Et je n'avais pas l'ombre d'un remords. » L'œuvre a la structure lâche d'un roman sans intrigue, mais tous les personnages ont vraiment existé. Le héros, c'est Hemingway, l'arme au pied, le flacon de whisky entre les genoux, « sentant sur lui le vent frais de la nuit, humant la bonne odeur de l'Afrique. J'étais totalement heureux ». Qu'il ne soit pas totalement heureux, cela saute aux yeux : il crie trop fort le contraire pour ce soit vrai. Les grossières simplifications de la chasse masquent une inquiétude fondamentale, peut-être plus apparente avec l'image de la hyène mourante, affolée et qui se dévore les entrailles. La hyène joue toujours le rôle du traître, cependant, même les traîtres ne devraient pas trop souffrir.

Hemingway, pour qui la mort est toujours présente en idée, tente de la vaincre en l'infligeant « proprement » ; mais il doit y avoir de la névrose dans cette obsession de tirer sur les lions et les koudous. On peut admettre un intérêt pour la mort quotidienne, comme c'est le cas avec *Mort dans l'après-midi,* à condition qu'il y ait acceptation sincère de l'absurdité de la vie ; or, ici, tout ne respire que douceur édénique et joie de la chasse. L'aspect le plus gênant du livre, ainsi que d'une bonne part des dernières œuvres de Hemingway, c'est peut-être le besoin perpétuel de prouver sa virilité, ce qui n'est pas signe d'une virilité authentique.

Hâtons-nous d'atténuer cette piètre opinion des souvenirs africains de notre auteur en faisant l'éloge des deux nouvelles qui paraîtront en 1936, à moins d'un mois d'intervalle, dans *Esquire.* Au début de l'année, dans ce même magazine *cojonado,* Scott Fitzgerald a publié trois remarquables articles sur son « effondrement » aujourd'hui légendaire — long cri de désespoir dont Hemingway, en privé, aura tendance à sourire avec mépris, et dont il tirera en public un diagnostic magistral. Ce diagnostic, on le trouve dans *les Neiges du Kilimandjaro,* où Harry, l'écrivain mourant, médite sur « ce pauvre Scott Fitzgerald », homme qui adore les riches (ils diffèrent de nous autres, oui, en ce qu'ils ont plus d'argent), et qui, fasciné par l'éclat de la réussite, s'aperçoit trop tard qu'il a mal placé son « respect romantique », frissonne devant une vérité dévastatrice, et sombre dans la faillite de toute une philosophie. Mais Harry lui-même, bien que les pleurnicheries romantiques ne soient pas son fort, a adoré les faux dieux et gaspillé son talent. Maintenant, le voilà qui meurt de gangrène à la jambe dans une plaine torride d'Afrique, les yeux levés vers le sommet neigeux du Kilimandjaro. Le chasseur blanc Percival avait rapporté à Hemingway ce fait incroyable : que l'on avait retrouvé là-haut le cadavre gelé d'un léopard. Dans la nouvelle, la mort « propre » du prédateur qui a trop présumé de lui-même et la mort « sale » et indolore, par la gangrène, constituent des symboles d'une force considérable. Le fauve représente l'artiste qui meurt noblement en visant les sommets, la gangrène figure la corruption et la mortification du talent mal employé, prostitué, que l'on a laissé s'atrophier.

Dans le film tiré de *Les Neiges du Kilimandjaro,* (mis en scène en 1952 par Henry King, avec Gregory Peck, Susan Hayward et Ava Gardner), l'ironique *happy-end* de la vision dernière de Harry — la conquête de la montagne « immense comme l'univers, énorme, haute, d'une blancheur incroyable sans le soleil » — est édulcorée : Harry est sauvé ; une opération chirurgicale réussie, et le voilà prêt pour un « nouveau départ ». Mais le dénouement de l'œuvre littéraire est incommensurablement plus puissant : bien qu'il n'espère aucune régénération, Harry affronte son échec devant l'art et la vie sans s'apitoyer sur lui-même, avec compréhension, soumission au destin ; il a enfin

« brûlé toute la graisse de son âme ». On peut considérer Harry comme une espèce de Fitzgerald doté du stoïcisme cher à Hemingway ; mais on peut aussi l'envisager comme un genre de Hemingway corrompu par les séductions du rôle de l'homme d'action et négligeant sa véritable vocation, tandis que se rapprochent les vautours et les hyènes du temps dévorateur.

La seconde nouvelle africaine a pour titre *l'Heure triomphale de Francis Macomber* (filmée en 1947, avec Zoltan Korda pour metteur en scène, et Gregory Peck, Joan Bennett, Robert Preston dans les principaux rôles) ; il s'agit d'une œuvre plus simple que la première et d'un art moins raffiné, tout en demeurant incontestablement de l'excellent et pur Hemingway. Si *Kilimandjaro* traite du remords, *Macomber* traite de la peur, que l'on peut qualifier de sentiment plus élémentaire et plus universel. Macomber, jeune et riche Américain, a une femme d'une grande beauté ; tous deux participent à un safari avec un chasseur blanc, très britannique, du nom de Wilson. Ils se décrivent les uns les autres avec une franchise désarmante : Macomber est un « sale poltron », sa femme une « garce », et Wilson un « salaud insolent ». Macomber prend la fuite devant un lion blessé ; Wilson le cocufie, ce qui arrange le sentiment qu'il a de sa virilité déficiente. Mais c'est le « salaud insolent » qui enseigne au « sale poltron » le code de l'honneur de la chasse, en vertu duquel il faut tuer le doute et l'appréhension par un acte de volonté et un acte physique exécuté sans réfléchir. Macomber vainc sa sale poltronnerie, mais est abattu d'une balle par sa garce d'épouse, laquelle a appris une sorte de code parodique du chasseur (bien qu'elle l'enfreigne en tirant d'une voiture) ; Macomber n'en meurt pas moins guéri de sa peur ; sa nouvelle vie, certes brève, aura été heureuse. Les anciens Romains disaient *semper aliquid novi ex Africa :* pour Hemingway, c'est un thème romanesque nouveau et profond — la valeur de l'intuition acquise au seuil de la mort, comme moyen plus satisfaisant, peut-être, de vaincre celle-ci que le fait de la donner froidement. Fitzgerald est en train de craquer, mais Papa l'artiste — et, mais oui, le philosophe proto-existentialiste — ne se porte pas mal du tout.

Il ne se porte pas mal non plus sur le plan matériel. Il est en mesure de verser 3 300 dollars d'arrhes pour un yacht de 12 mètres, à moteur diesel, construit par les chantiers navals Wheeler de Brooklyn (New York), et qui vaut 7 500 dollars. Il a ouï parler de Bimini, paradis du pêcheur — à quelque 80 kilomètres de Miami — et il lui faut un bateau pour s'y rendre. Ce bateau sera baptisé *Pilar* — en hommage au sanctuaire espagnol, mais aussi à Pauline qui, au début de sa cour à Ernest, avait pris Pilar pour nom de code entre eux. Grand pêcheur, grand écrivain, ce même ou cet autre Ernest devient l'une des attractions touristiques de Key West : il boit en salopette au *Sloppy Joe's* plus viril que

nature, brute aimable, bronzée, musclée, en
forme, prêt à se battre aux gants ou à mains
nues, héros des lecteurs d'*Esquire,* mais
tenu en un certain mépris par les forces neuves
et très explicites de la gauche intellectuelle
américaine.

On estime qu'il a laissé tomber les progressistes. En pleine crise des années 30, il
chassait le lion, l'espadon, assistait à des courses de taureaux, mais n'écrivait rien pour sou-
tenir les doctrines chiliastiques des révolution-
naires. Il a vu la gauche arriver au pouvoir en
Espagne, mais sans constater, dit-il, aucune
amélioration dans le sort de l'Espagnol
moyen. Il ne se sent aucune obligation particulière envers la société démocratique, si ce
n'est de lui dire la vérité telle qu'il la voit. Il
soutient que la politique n'a rien de commun
avec l'art. La gauche américaine considère
avec une certaine gêne la popularité de
Hemingway en Russie — popularité qui ne
s'est pas démentie depuis ; je me trouvais à
Leningrad à l'annonce de sa mort : les femmes
réceptionnistes de l'*Astoria* ne cachaient pas
leurs larmes. « Nous étions toutes amoureuses
de Yernyest Gyemingvay », bégayaient-elles.
En apprenant combien les Russes l'aiment,
lui-même répète que les questions d'idéologie
ne comptent guère, dès qu'il s'agit de véritables jugements littéraires. Je suis bien de son
avis.

Il n'en croit pas moins devoir publier
quelque chose qui sente la prise de position
politique à l'époque du Grand Cyclone

d'août 1935. Cette catastrophe ne fait qu'effleurer Key West ; elle épargne le *Pilar,* qu'elle se contente de chahuter sur la mer en furie ; la véritable dévastation frappe Key Largo, Islamorada, Upper et Lower Matecumbe Keys. Hemingway brûle de se rendre sur les lieux du désastre pour apporter les secours qu'il peut : dans le bateau d'un marin nommé Bra Saunders, il gagne Lower Matecumbe. Ce qu'il y trouve est terrifiant. En vertu de la politique dite « d'amorçage de la pompe », du président Roosevelt, on a organisé des travaux publics à l'intention des anciens combattants dans la presqu'île de Floride, et les ouvriers vivent dans des camps. L'ouragan a tué un millier de ces ouvriers ainsi qu'un grand nombre de pêcheurs et d'habitants de la Floride vivant du tourisme.

Aux yeux de Hemingway, ce qui résume le mieux toute cette horreur, c'est une vision précise : deux femmes qui tenaient un poste d'essence, maintenant mortes, « nues, projetées par l'eau dans les arbres, gonflées et puantes, les seins gros comme des ballons, des mouches entre les jambes ». Mais la presse de gauche voit dans l'abstration pure du nombre d'ouvriers morts, entassés dans un camp sans protection efficace contre la rage des éléments, un argument puissant contre l'insensibilité et l'inefficacité gouvernementales. Le magazine *New Masses* (Masses nouvelles) téléphone à Hemingway pour lui demander un article sur la catastrophe ; il répond en attaquant âprement les bureaucrates de Washington.

Cet article — *Who Murdered the Vets ?* (Qui a assassiné les anciens combattants ?) — apparaît à beaucoup comme un signe de la conversion de l'écrivain à la cause révolutionnaire ; mais il n'est pas long à déclarer, en privé, que le fait d'avoir accepté d'écrire pour *New Masses* n'indique aucun changement dans ses sentiments envers un ramassis de « rouges » et de « roses » qui n'ont cessé de condamner son œuvre comme « dénuée de conscience politique », mais qui ont été bien contents de faire appel à lui, lorsqu'il a eu le cran d'aller voir par lui-même la catastrophe et qu'il leur fallait une tranche de vérité encore toute palpitante. Quant à l'un de leurs rédacteurs, un certain Robert Forsythe qui a traité ses écrits avec un mépris exemplaire, il sera enchanté, à la première occasion, de lui casser la gueule, à ce salaud. En revanche, un brave jeune homme de gauche envoie à Ernest une lettre sincère pour le supplier d'écrire en défendant la justice et la vérité, et de renoncer à ses « durs » solitaires et stoïques ; il recevra une aimable réponse, disant que l'auteur y songera.

Il y songe, en effet. Il va plus loin : il écrit en fait un livre qui témoigne d'une certaine « conscience sociale ». C'est *En avoir... ou pas* (1937), le seul de ses romans qui se passe en Amérique et dont le titre même proclame le sentiment net qu'a son auteur de l'injustice et de l'inégalité dans le monde. Mais jamais aucun ouvrage ne fut moins propre à être adopté par la gauche comme une œuvre de propagande sans ambiguïté en faveur d'une action réformiste collective. Le héros, c'est Harry Morgan, déjà rencontré dans une nouvelle série de récits : solitaire endurci dont les traits, pour les cinéphiles, seront à jamais ceux de Humphrey Bogart, comme ceux de Mme Morgan seront à jamais ceux de Lauren Bacall (alias Mme Bogart). Harry Morgan, en dépit de son nom, n'est pas un pirate ; on nous le présente comme un brave homme peu scrupuleux, propriétaire d'un bateau à louer, aussi disposé à organiser une partie de pêche qu'à assassiner un contrebandier chinois. Ce solitaire est aussi un homme qui se fait rouler, et peut-être l'un n'est-il pas sans rapport avec l'autre. Le grand thème du Hemingway des débuts était la possibilité pour l'homme d'accomplir seul son salut, en concluant une « paix séparée » ; mais le Hemingway de la fin des années trente ne paraît plus aussi convaincu de cette philosophie. A certain moment, Morgan déclare : « Je n'ai pas de bateau, pas d'argent, pas d'instruction... La seule camelote que j'aie à proposer, ce sont mes *cojones*. » Mais voici ses dernières paroles, souvent citées : « Un type seul, il n'a pas la moindre bon Dieu de putain de chance. » Cela deviendra un genre de slogan pour ceux des membres de la gauche américaine qui, pour le prestige à défaut d'autre chose, revendiqueront Hemingway comme un des leurs.

Hélas ! Morgan est totalement dépourvu de « conscience sociale » du type orthodoxe. Il ne peut faire son chemin dans le monde qu'en recourant à la violence (monopole exclusif de la droite, aux yeux de la gauche) ; pareil à n'importe quel capitaliste, il fait n'importe quoi pour de l'argent. Quand Emilio, le jeune révolutionnaire cubain, lui tient de beaux discours sur la tyrannie de l'impérialisme capitaliste, il explose : « Au diable leurs révolutions ! Ce qu'il me faut, c'est faire vivre ma famille, et je n'y arrive pas. Et l'autre qui vient me parler de sa révolution. Au diable sa révolution ! » Les gens qui l'empêchent de gagner sa vie sont divers et, en langage de gauche, mal assortis : le riche qui le roule, le révolutionnaire qui le trahit, le fonctionnaire de la douane américaine qui lui tire dessus. Si Morgan avait de l'argent, il ne serait pas bien long à conclure sa paix séparée. Mais de nombreux bien-pensants de gauche doivent avoir la confortable image d'un Harry assez mécontent, assez frustré pour accepter de prêter l'oreille à une homélie marxiste ou de lire une brochure sur les principes du matérialisme dialectique. En outre, il est certainement entouré d'assez d'épaves de la société capitaliste pour justifier l'opinion selon laquelle Hemingway s'offre ici le luxe de pousser un grognement de même acabit politique que celui de *Who Murdered the Vets ?*

Le 18 juillet 1936, la guerre civile éclate en Espagne. A l'époque, Hemingway se prépare à une expédition de chasse dans le Wyoming ; il projette en outre une partie de pêche à Bimini, ainsi qu'un nouveau safari dans les vertes collines. Il reconnaît pourtant que sa place devrait être en Espagne ; bon nombre de ses compatriotes, qui n'ont pas la moindre intention de s'y rendre personnellement, sont du même avis. Aussitôt après la Fête de Thanksgiving *, l'échotier Walter Winchell mentionne dans sa chronique que, à en croire les potins, le brave papa s'en va partir en guerre là-bas. Le directeur général de la North American Newspaper Alliance, ou N.A.N.A. (Consortium de la presse d'Amérique du Nord), tombe sur cet écho, écrit à Hemingway que son organisation groupe soixante grands journaux, et l'invite à « couvrir » le conflit. Malgré l'avis contraire de Pauline, Hemingway accepte. L'intuition de Pauline lui dit non pas qu'Ernest lui-même va se faire tuer, mais que cette guerre entraînera un événement presque aussi apocalyptique : la mort de leur union.

Car, en ce même mois de décembre, Hemingway, sale, short et tee-shirt déchirés, est en train de boire un verre au *Sloppy Joe's* quand deux dames de Saint Louis, en vacances, font leur entrée. Elles sont belles, élégantes, mère et fille. La mère se présente : Edna Fischel Gellhorn, veuve d'un gynécologue autrichien, et voici Martha, sa fille. Martha, qui a fait ses études à Bryn Mawr, a publié un roman et un recueil de nouvelles. Elle a donc un point commun avec Hemingway : la

---

* Quatrième jeudi de novembre. (N. du T.)

littérature et surtout la même admiration toute particulière pour un de ses plus virils praticiens ; ils peuvent aussi parler avec animation de la vie à Saint Louis. Martha Gellhorn est vive, intelligente, très au courant de la politique mondiale, et fort inquiète de la situation en Europe. Elle a séjourné en Allemagne ; elle a l'intention d'aller en Espagne. Elle désire violemment arracher les démocraties à leur tranquillité satisfaite pour les éveiller à la conscience des périls du fascisme militant. Elle a aussi des cheveux d'un blond éclatant qui lui tombent sur les épaules et la grâce ondulante d'une star de cinéma. Comme la plupart des femmes farouchement indépendantes que le sort a faites belles, elle est un peu agacée de sa beauté, qui donne d'elle aux hommes une idée fausse. Est-ce ou non le cas pour Hemingway ? Une chose est sûre : il est séduit. Pauline s'en rend compte sans joie. Sa mère partie, Martha prolonge son séjour. Par bonheur, l'écrivain, qui travaille d'arrache-pied à *En avoir... ou pas,* ne peut consacrer à la jeune fille l'attention à plein temps que lui dicterait une courtoisie bien naturelle. Mais, lorsqu'elle part à son tour, pour prendre, à Miami, le train vers le Nord, Hemingway s'aperçoit qu'il a un rendez-vous d'affaire urgent à New York, qui l'oblige à prendre le même train. Ils dînent ensemble à Miami, puis, tout en roulant vers le Nord, poursuivent leurs entretiens sur la littérature et Saint Louis. Pauline prévoit ce qui va se passer ; la même chose que dix ans plus tôt.

A New York, Hemingway signe son contrat avec la N.A.N.A. et collabore à la rédaction du commentaire d'un film documentaire, œuvre de propagande prorépublicaine pure : *L'Espagne en flammes.* Mais dans sa conversation et ses lettres, il souligne qu'il ne prend pas parti politiquement : il ne s'inquiète que de l'humanité, et du danger insigne que représente pour celle-ci la guerre d'Espagne. S'il la connaissait à l'époque, il citerait sans aucun doute la Méditation du doyen de Saint-Paul qui, dans l'*Oxford Book of English Prose,* attend le pillard qui tirera d'elle un titre : aucun homme n'est une île. Hemingway n'en affirme pas moins qu'il ne souhaite pas voir les États-Unis entraînés dans une guerre européenne. Après quoi, il fait le compte de ses traveller's cheques et s'embarque pour l'Espagne. Bientôt, le voilà à Madrid.

Ayant expédié son article sur la victoire des républicains sur les Italiens, à Guadalajara et Brihuega, inspecté et trouvé parfaites les défenses madrilènes, puis affirmé que jamais le général Franco ne prendra la capitale, Hemingway s'apprête à remplir ses devoirs d'hospitalité envers Martha Gellhorn, laquelle arrive à Madrid, ostensiblement en qualité de correspondante de guerre pour le magazine *Collier's,* mais en réalité au titre d'observatrice très indépendante. Cette indépendante a un mouvement de recul devant l'accueil protecteur de Papa : « Je savais bien que vous viendriez, fifille ; j'avais fait tout le nécessaire. » Mensonge éhonté. Mais Hemingway a toujours eu un fort sentiment de propriété à l'égard de l'Espagne.

En dépit de sa prophétie sur l'inviolabilité de Madrid, la capitale est bientôt sous le bombardement régulier de l'artillerie de Franco, installée sur le mont Garabitas. On ne peut guère fermer l'œil à l'*Hôtel Florida* où sont logés les correspondants de guerre, et il n'y a pas non plus grand-chose à se mettre sous la dent. Mais Hemingway est toujours le bienvenu aux festins de caviar et de vodka qui résistent à tout à l'*Hôtel Gaylord,* quartier général des Russes, et, alors que presque tout le monde est privé de moyens de transport ou d'essence aussi bien que de nourriture, Hemingway n'a jamais la moindre difficulté pour aller et venir. Bien sûr, il s'amuse comme un fou. Il travaille aussi. Outre ses dépêches à la N.A.N.A., il y a un film à tourner avec John Dos Passos : *Terre d'Espagne.* Cela veut dire : suivre avec la caméra les chars et l'infanterie républicains et courir un danger réel. Même au *Florida,* le péril est déjà assez grand. Un obus des rebelles y atteint le réservoir d'eau chaude : les clients en tenue de nuit se précipitent hors de leurs chambres, révélant du même coup un certain nombre de liaisons insoupçonnées. La plus notable, même si elle n'est pas insoupçonnée, est celle de Hemingway et de Martha.

Il ne faut jamais oublier que notre écrivain n'a jamais tiré ni ne tirera jamais sur un être humain. Pourtant, quelque chose dans son allure de guerrier massif et barbu fait que

les hommes des 11ᵉ et 12ᵉ brigades internationales l'adoptent. Le doigt lui démange sur la
détente, mais seulement devant d'inoffensifs
animaux des bois. Un matin, il tue un canard
sauvage, une perdrix, quatre lapins, un hibou.
Le hibou est une erreur : il l'a pris pour une
bécasse. Au reste, il demeure parmi le danger
qui monte à Madrid, en homme de lettres bon
vivant, libre de s'en aller quand il veut. Il s'en
ira, une fois les bobines de *Terre d'Espagne*
dans la boîte et expédiées, et il promettra de
revenir et aussi de faire, pour la cause républicaine, toute la propagande possible.

Ce possible est extrêmement limité. Parler en public est la seule activité pour laquelle
il ait jamais manifesté de la terreur. Il n'en
prononce pas moins quelques mots à Paris,
rue de l'Odéon, dans la librairie de Sylvia
Beach (Joyce est là, silencieux, apolitique, tout
à sa propre guerre intérieure avec les mots) ; à
New York, il prend aussi la parole au Congrès
des écrivains, pour affirmer que le fascisme est
intolérable à tout homme de lettres qui refuse
de mentir. On projette en des endroits importants *Terre d'Espagne*, monté avec le commentaire concis et mordant de Hemingway. On le
présente même à la Maison-Blanche (selon
Hemingway, le président est un homme sans
cojones). Notre auteur, après avoir fait le plein
d'alcool, harangue en faveur des républicains
réceptions et cocktails à Hollywood, puis
passe la sébille. Des milliers de ciné-dollars
viennent grossir les fonds du secours ambulancier, très utile et discrètement non belligé-

rant. Après quoi, Hemingway regagne l'Espagne.

Le retour à Madrid, c'est aussi le retour à Martha. Avec Pauline, désireuse de sauver son ménage, la rupture n'est pas encore déclarée. Bien que les deux tiers de l'Espagne soient sous la botte de Franco, les républicains, qui luttent farouchement, ont pris Belchite ; la difficile expédition d'Ernest et de Martha pour gagner le secteur de Belchite (ils seront les premiers correspondants de guerre américains sur les lieux) n'incite pas au badinage. Martha se révèle bonne camarade et femme courageuse. L'admiration de son amant pour elle croît chaque jour. Madrid est plus calme que lors du précédent séjour ; Hemingway trouve le temps de célébrer l'heure, le décor et cette grande et belle blonde dans sa première et unique pièce de théâtre : *La Cinquième Colonne*. La correspondante de presse dans la pièce, Dorothy Bridges, est manifestement Martha Gellhorn, bien qu'elle s'exprime parfois comme lady Brett ; Philip Rawlings — le gros gaillard brave, amateur d'alcool et d'oignons crus, qui se fait passer pour journaliste alors qu'il est espion, est un exemple typique d'autoprojection de Hemingway. Dans son introduction au texte publié, l'auteur précisera l'époque et le lieu de son travail :

> *Chaque jour, nous étions bombardés par l'artillerie en batterie au-delà de Leganes et derrière les replis du mont Garabitas ; tandis que j'écrivais la pièce, l'*Hôtel Florida, *où*

nous habitions et travaillions, fut touché par plus de trente obus explosifs puissants. Alors, si la pièce n'est pas bonne, telle en est peut-être la cause ; si elle est bonne, peut-être ces trente obus m'ont-ils aidé à l'écrire... Quand on rentrait et qu'on retrouvait la chambre et l'œuvre intactes, cela faisait toujours plaisir. La pièce a été finie, copiée et expédiée d'Espagne juste avant la prise de Teruel.

Hemingway entre dans Teruel à la suite des républicains ; il est dûment couvert de baisers, étreint, arrosé de vin nouveau comme un vainqueur authentique. On ne le prend pas pour un écrivain américain aux vagues tendances progressistes ; on le tient pour un officier de l'armée russe, ce qui, bien entendu, le ravit.

Martha et lui passent Noël en Catalogne, cependant que Pauline, qui essaie toujours de sauver son ménage et s'est laissé pousser les cheveux jusqu'aux épaules dans l'espoir d'être mieux armée pour la lutte, attend à Paris son visa pour l'Espagne. Mais c'est Hemingway lui-même qui débarque à Paris ; son foie le tourmente ; les médecins lui déconseillent l'alcool. Il y a de lamentables scènes de ménage avec Pauline, qui menace de se jeter par la fenêtre de l'hôtel. Hemingway est en proie au remords anticipé : il sait que son second mariage va prendre le même chemin que le premier ; il grogne furieusement à cause de la façon dont ses dépêches à la N.A.N.A. sont coupées, voire jetées au panier (par des catholiques ennemis ?) ; son foie le torture ; il voudrait rentrer à Key West pour écrire ; il voudrait retourner en Espagne ; il voudrait Martha. Il cherche la consolation dans sa foi ou ce qu'il appelle ainsi ; mais l'Église a pris parti pour ces satanés fascistes. Après un bref séjour en Floride, il regagne l'Espagne pour y voir avec amertume les républicains battre en retraite sur tous les fronts, pour y méditer sur sa vie gâchée et envoyer des dépêches que les ennemis anonymes de la N.A.N.A. qualifient de très insuffisantes.

Le fait est que Hemingway n'a jamais été un très bon correspondant de guerre. Son talent de romancier le pousse à inventer, à arranger le réel sur des modèles esthétiques, à cultiver l'« impressionnisme » que Ford Madox Ford encourageait les écrivains à transfuser de la fiction dans la réalité. La vérité, selon Ford, ce ne sont pas les faits, c'est la vision — opinion qui justifie la suppression et la distorsion des faits, bref, ce qu'on appelle communément le mensonge. Les maîtres momentanés de Hemingway veulent connaître les faits de la guerre d'Espagne, alors qu'il leur concocte une espèce de sous-roman dont il est le personnage central. Ses reportages, tant sur la guerre d'Espagne que sur celle qui lui fera immédiatement suite, demeurent très lisibles, mais à la façon de ses œuvres qu'il avoue être de fiction. Pour le Hemingway de la maturité glorieuse — par opposition à l'époque plus consciencieuse où il gagnait sa vie comme journaliste — le reportage de guerre constitue de toute évidence une forme mineure de fiction, ne bénéficiant pas des traits de génie qu'il réserve soigneusement à ses ouvrages de « fiction majeure ». En réalité, des organismes comme la N.A.N.A. subventionnent sa recherche de matière brute pour les œuvres « sérieuses » ; ils n'ont qu'à se contenter du Hemingway de tous les jours. Il leur arrive de lui en vouloir de cela.

De retour en Amérique, Hemingway entreprend d'organiser en un roman ses aventures espagnoles. Il ne manque pas de distractions, bien sûr. *La Cinquième Colonne,* mal adaptée par un dialoguiste de cinéma, Benjamin F. Glaser, est montée par la Theatre Guild (en Amérique, aucun écrivain n'est jugé capable de trouver tout seul son chemin dans les labyrinthes de la dramaturgie ; il faut toujours un nègre pour lui montrer ce qu'il a vraiment voulu dire). Le recueil définitif de ses nouvelles paraît en 1938, précédé de *La Cinquième Colonne* dans le texte original : toute la gamme des dons de style et de conteur de l'auteur s'y déploie de façon remarquable. La guerre éclate en Europe ainsi qu'il l'a prédit.

Son union avec Pauline tient tant bien que mal, mais il est clair que rien ne peut plus se raccommoder. Après quatre années d'« agréable péché », suivant l'expression de Martha, Ernest et elle se marient discrètement devant le juge de paix de la ville de Cheyenne.

Le divorce, sous le chef d'abandon définitif de Pauline, traîne interminablement, ce qui donne tout loisir à Hemingway de se torturer la conscience à propos de cette deuxième défection conjugale. Lui qui n'est catholique que de nom, il a tiré du catholicisme authentique de Pauline une excuse valable pour la rupture finale : elle ne peut plus avoir d'enfant sans risque ; or, l'Église affirme que les relations sexuelles ont avant toute chose la procréation pour but. Hemingway se persuade également qu'il lui faut à tout prix une fille et que Martha lui en donnera une. Tel ne sera pas le cas, et l'on peut dire qu'il ne lui laissera jamais le temps d'essayer. La maison de Key West appartient désormais à Pauline. La résidence de Hemingway, depuis le début de la Seconde Guerre mondiale et presque jusqu'à la fin de sa vie, sera Finca Vigia, à San Francisco de Paula, à Cuba. Martha, durant les rares loisirs que lui laisseront ses fonctions de correspondante de presse à l'étranger, sera la première maîtresse des lieux, mais non la dernière.

Pour qui sonne le glas, paru à la fin de 1940, obtient un énorme succès commercial — même en Angleterre, où une guerre plus importante que la guerre d'Espagne occupe les esprits. En Amérique, c'est un « Livre du mois », c'est-à-dire une édition club de 200 000 exemplaires, plus un tirage en livre ordinaire de 160 000. Hollywood ne tarde pas à s'y intéresser et offre à l'auteur 136 000 dollars pour les droits cinématographiques.

Edmund Wilson, dont on peut toujours lire, dans le recueil *The Wound and the Bow* (la Blessure et l'Arc) la longue étude intitulée « Hemingway, indicateur du moral », voit dans ce nouveau livre « la romancisation d'une matière — une infusion de l'esprit de l'opéra — qui, pour une part, ne se prête que trop au cinéma ». Autrement dit, l'écrivain lui semble faire des concessions. Il est vrai que le roman « populaire » des années 30, en Amérique, a assimilé certains éléments empruntés à Hemingway : ce qui était autrefois d'ordre expérimental fait maintenant partie de l'arsenal technique de n'importe quel romancier de second ordre. Or, Hemingway ne s'est pas plus dépassé lui-même qu'il n'a dépassé ses imitateurs : si ses premiers romans sont encore capables de frapper le lecteur en donnant une sensation de fraîcheur et de puissance entièrement originale, *Pour qui sonne le glas* n'administre aucun choc stylistique et n'offre que les bonheurs d'expression attendus. Le sujet lui-même est fort et l'on peut séparer l'histoire des mots qui servent à la raconter. Hemingway le constate sans remords. Dès sa première rencontre avec la vedette de cinéma Gary Cooper — à Sun Valley, où tous deux sont à la chasse — il voit en lui l'acteur capable d'incarner son héros, Robert Jordan. De même, un peu plus tard, il s'inquiétera beaucoup de la forme des oreilles d'Ingrid Bergman, qu'il veut pour le rôle de Maria, laquelle est tondue par les fascistes. Les oreilles d'Ingrid se révéleront aussi parfaites que le reste de sa per-

sonne. En d'autres termes, la réalité romanesque a autant de chance d'exister dans un
film bien fait que dans l'œuvre verbale originale. Hemingway l'homme de lettres s'est
laissé subtilement corrompre — moins peut-
être par l'argent que par son dévouement à la
cause républicaine.

Et pourtant l'œuvre verbale garde une
force considérable, alors que le film de Sam
Wood, tourné en 1943, est à peu près aussi
banal que presque tous les autres films tirés
des livres de Hemingway. Certaines scènes,
certains symboles, près de quarante ans après
la publication du livre, ont aujourd'hui une
résonance classique : la nuit d'amour de Maria
et Jordan, l'« alliance contre la mort », pendant que la terre entière paraît se mouvoir
sous eux ; le pont, « arche de plénitude et de
robuste grâce métallique », seul lien entre les
forces adverses, et aussi, en élargissant la
vision, voie par laquelle le nouvel âge de l'en-
régimentation mécanique supplantera l'ancien
monde pastoral des besoins et des loyalismes
élémentaires. La vraisemblance de Jordan
n'est pas totale : cet intellectuel, cet Américain
professeur d'espagnol, qui se bat pour les
républicains, est tout aussi ignorant que Harry
Morgan de l'idéologie communiste. Une
bonne partie de l'histoire de la guerre d'Espagne, qui sert de toile de fond, se lit beaucoup trop comme un manuel et s'intègre mal
dans l'histoire principale. Pourtant, Maria et
la redoutable Pilar sont les deux femmes les
mieux venues de toutes les héroïnes de

Hemingway. L'auteur a tenté, mais en vain, de faire de Maria un personnage aussi fort que la Natacha de Tolstoï ; même, son ambition, quasi tolstoïenne, était de présenter un panorama d'amour et de guerre que l'on pût au moins citer tout d'une haleine dans la droite ligne de *Guerre et Paix* — chose absurde, mais non dépourvue de noblesse. Il faut applaudir à la dignité de l'intention : dire la vérité sur l'amour, la souffrance et le courage considérés au plus haut de l'échelle des traditions romantiques. Dévoué à la cause républicaine, Hemingway n'en demeure pas moins un artiste assez objectif pour cerner les faiblesses humaines de ce que les propagandistes de gauche désiraient voir peint sous les couleurs étincelantes et pures de la chevalerie. *Pour qui sonne le glas* est une œuvre non pas de propagande, mais d'art, qui, comme toute œuvre d'art, porte à un attachement complexe et même ambivalent pour son sujet. Ce livre a enseigné à des milliers de personnes l'amour ou la haine de l'Espagne ; il ne pouvait les laisser indifférentes à ce pays, à son peuple et à son histoire.

Hemingway, tout content qu'il est du livre et de l'accueil qu'il reçoit, ne peut manquer de constater qu'il consolide une réputation de mauvais aloi. S'il n'est plus le jeune apôtre plein d'avenir de l'avant-garde, il n'est pas non plus le grand homme sur piédestal des lettres américaines. Le Dr Nicholas Murray Butler, président de l'Université Columbia, oppose son veto au choix de la commission consultative du Prix Pulitzer, qui a retenu le livre ; il ne cache pas sa conviction : il lui trouve des mérites littéraires bien minces. En outre, triompher auprès du grand public signifie gros impôts sur le revenu autant que grosses ventes. En bon auteur parvenu à sa maturité, Hemingway songe, avec une profonde nostalgie, aux beaux jours où publier confidentiellement quelques poèmes était une aventure passionnante. Tout autour de lui, c'est l'hécatombe dans la génération dont il est le cadet : Ford Madox Ford meurt en 1939 (ainsi que le jeune Thomas Wolfe), Scott Fitzgerald en 1940, Sherwood Anderson, Virginia Woolf et James Joyce en 1941. A bien des égards, Hemingway est heureux de plonger dans un autre monde, loin des remords et des cafards alambiqués d'Amérique et d'Europe. Il part, avec Martha, pour la Chine.

Celle-ci, mariée avec un homme très célèbre, solidement nanti bien qu'écrasé sous les impôts, s'accroche à son indépendance : elle ne demande qu'à gagner de l'argent de son côté en travaillant pour la presse. Hemingway a la sensation d'être traîné par elle jusqu'en Chine — « drôle de lune de miel ! », s'exclame-t-il — mais ses réactions à ce nouveau décor sont typiques de son idiosyncrasie. Il boit du vin de serpent — de l'alcool de riz avec des petits serpents lovés au fond de la bouteille — et du vin d'oiseau (même chose avec des coucous morts). Parlant de Hong Kong, il déclare que l'élément stabilisateur de n'importe quelle colonie britannique, c'est la femme britannique, gardienne d'un formalisme fondamental dans la vie. Les femmes ayant été évacuées de Hong Kong, le moral y est bas. Hemingway cherche à voir autant que possible de ses propres yeux l'armée du Kuo-Min-Tang. Il prend bonne note de la dévastation de Kouen-Ming par les Japonais comme de l'impassibilité des Chinois, due à la conscience de l'ancienneté de leur civilisation et de leur masse humaine. Il rencontre Chang Kaï-Chek et sa femme à Tchong-K'ing, et comme tous deux souhaitent le charmer, il est charmé. Mais, à la différence de Malraux, il n'éprouve pas le besoin de célébrer dans une œuvre romanesque ce gigantesque théâtre de lutte et de changement. Il a beau être un auteur exotique, il ne va pas jusque-là.

A l'entrée des États-Unis dans la guerre, Martha, qui est très guerrière, voudrait qu'il entre dans la danse. Il y reste constamment prêt, estime-t-il lui-même, à condition que ce soit toujours à sa guise. Il n'a jamais eu à obéir aux ordres de quiconque, si ce n'est brièvement sur le front italien, il y a bien des années. Il ne peut se voir que sous les traits d'un chef de guérilla né, d'un commandant de troupes irrégulières, d'un mercenaire débraillé, nanti d'une artillerie éclectique et d'un trésor de bouteilles, secret et inépuisable. Rien ne saurait non plus l'empêcher d'avoir une marine privée. Et il réussit à faire agréer officiellement le *Pilar* comme une espèce de bateau-piège, camouflé pour chasser le sous-marin nazi au large des côtes cubaines, muni de grenades spéciales, à lancer par l'écoutille du kiosque des submersibles, et d'un équipage fameux de gaillards ayant fait leurs preuves, n'ayant pas froid aux yeux (« mourir c'est être quitte avec Dieu ») et à la dévotion de celui qu'ils appellent papa. Papa par-ci, papa par-là, cela faisait un peu beaucoup d'obséquiosité, disait Martha. En outre, papa se soûle trop souvent et ne se lave pas assez ; quant au *Pilar* et aux bordées ivres et crasseuses qu'il va tirer en mer, tout cela n'est que prétexte à se procurer des rations d'essence pour des parties de pêche. Il y a, bien entendu, pas mal de vérité là-dedans ; Martha n'est que trop perspicace, toujours, et papa ne trouve jamais la riposte convaincante. Comme en réponse aux critiques méprisantes de Martha, Washington dissout la bande, l'« usine à arnaques », comme l'appelle fièrement papa, et confie le contre-espionnage dans les Caraïbes au F.B.I., dont les agents de La Havane se gaussent de l'amateurisme inefficace de papa. Celui-ci réplique en les traitant de « Cavalerie de Fer de Franco » (en souvenir des « Cavaliers » de Charles Iᵉʳ Stuart), certains d'entre eux étant irlandais et catholiques, donc fascistes.

Sa marine personnelle désarmée et Martha s'apprêtant à aller « couvrir » la guerre en Europe, Hemingway sait bien qu'il va s'ennuyer comme un rat mort. Il décide que le mieux est de se jeter dans la guerre, mais comment ? Dieu seul sait. Comme on pouvait s'y attendre, c'est l'efficace et belliqueuse Martha qui trouve le moyen. Ronald Dahl, aujourd'hui auteur de nouvelles très connu, et à l'époque attaché de l'Air adjoint à l'ambassade de Grande-Bretagne à Washington, déclare à Martha que la R.A.F. serait fière de voir ses exploits montés en épingle dans un magazine américain par un auteur aussi prestigieux qu'Ernest : si ce dernier acceptait de se charger de la mission, la Grande-Bretagne considérerait cela comme « occupation de temps de guerre prioritaire », et lui accorderait le transport officiel par avion jusqu'à Londres. *Collier's* — le magazine pour lequel Martha « couvre » la guerre d'Europe — n'est que trop content de proposer un contrat. Hemingway le signe et, fidèle à son idiosyncrasie, entre en guerre à sa manière. Il a du retard : le jour J est proche.

Entrer en guerre signifie d'abord s'installer au *Dorchester*, dans Park Lane, retrouver de vieux amis, s'en faire de nouveaux, aller à des réceptions avec les uns et les autres. Barbu, hâbleur, il est assez bien reçu à Londres, où il invite tout le monde à boxer à mains nues ou à éprouver la dureté d'acier de ses abdominaux ; il légifère en matière de courses de taureaux, se vante de ses aventures de chasseur de sous-marins, joue les grands écrivains américains. Toutefois, dans l'atmosphère générale de courage modeste, ces attitudes de « dur » n'enchantent pas toujours. La Grande-Bretagne a beaucoup lutté, beaucoup souffert. Hemingway a eu droit à une blessure à la jambe, trente ans plus tôt ; après quoi, quitus.

Par ces temps héroïques, il n'y a pas de quoi se vanter pour un ancien combattant. Il a été, il est de nouveau un correspondant de guerre grassement payé, libre de flirter à sa guise avec le danger et de le fuir quand il veut. Il suffit de le comparer avec un autre écrivain : George Orwell. Orwell a réellement combattu en Espagne, exposé tant aux trahisons politiques de son propre camp qu'aux balles ennemies. Blessé, mais sans prestige, il est en mauvaise santé. Il n'en trime pas moins, discrètement, à Londres, à son poste de brillant journaliste mal payé, tout en s'apprêtant à extraire de sa désillusion toute une mythologie neuve et terrible, tandis que Hemingway se prélasse, fanfaronne, casse les pieds au monde avec ses gros sabots.

Sa démesure ne sera pas longue à recevoir son châtiment. Dans le black-out, au retour d'une soirée tumultueuse, un accident de voiture lui vaut une sérieuse blessure à la tête et une forte commotion. Martha, qui a gagné l'Angleterre par bateau, unique passagère d'un cargo bourré d'explosifs puissants, débarque à Londres pour le trouver en clinique, dans l'attente de son affection et de sa compassion. Elle se contente de rire, forte d'années de mépris, remettant à sa place le Grand Soldat et morigénant l'ivrogne pour ses inepties. Le troisième mariage de Hemingway a du plomb dans l'aile, le quatrième et dernier est dans l'air. L'écrivain a rencontré, au restaurant *White Tower* de Soho, une charmante blonde originaire du Minnesota, journaliste au *Daily Express* et mariée avec Noel Monks, du *Daily Mail*. C'est Mary Welsh, bientôt l'ultime Mme Hemingway. Martha ayant prouvé son manque d'amour au chevet du lit d'hôpital, notre héros, qui peut déambuler malgré ses pansements, commence à faire sa cour. Et ce, principalement en vers — il réserve la prose à la guerre.

Aucun soldat britannique ayant servi sous l'uniforme pendant ces cinq années et demie de guerre ne s'enthousiasmera de bon cœur pour la brève épopée de charme de Hemingway. Ce qui fait vraiment l'ingratitude de la condition militaire, c'est non pas le péril, mais l'ennui et le sentiment de frustration. Le soldat poireaute en attendant les ordres et, quand ils arrivent, ils donnent une impression de brutalité inhumaine ou de sottise indicible, ou des deux. Le soldat est privé de liberté d'action. Il est privé de bonne nourriture, de bonne solde, de bon tabac, de la présence et de la tendresse d'une bonne épouse. Il ne serait que trop content d'être lâché, la bride sur le cou, à la tête de son armée personnelle, deux gourdes se balançant à sa ceinture, l'une pleine de gin, l'autre, de cognac. Il verra forcément d'un assez mauvais œil les quelques mois de caracole de Hemingway en Europe. Eh, quoi ! ce type riche, célèbre, est là, à n'en faire qu'à sa fichue tête, et on le couvre de louanges ! Il mange bien, boit bien, ignore tout du sentiment de frustration et de l'ennui, réalise ce rêve, nourri de romans pour la jeunesse : être chef de guérilla. Sa guerre est la meilleure de toutes : courte, violente, dénuée de responsabilités. Certes, on peut avoir, sur cette guerre de Hemingway, l'opinion exactement contraire : il a choisi de servir la cause des Alliés plutôt qu'un directeur de magazine ; il a pris des risques en pleine connaissance de cause ; il a prêté la pourpre d'une riche personnalité à ce qu'Evelyn Waugh devait décrire comme une compétition entre des équipes de pauvres gogos anonymes et interchangeables, suant sang et eau à chaque bout d'une corde.

Le 6 juin 1944, la flotte d'invasion, forte de plus de 4 000 navires, quitte les ports du sud de la Grande-Bretagne, en direction de la côte normande. Hemingway débarque, mais, il fallait s'y attendre, Martha l'a battu de vitesse. De retour en Angleterre, il vole avec la R.A.F. pour voir comment on intercepte les V-1, que les Allemands ont commencé de lancer le 12 juin. Le 18 juin, les Américains isolent toute la presqu'île du Cotentin. La bataille pour l'Europe est déclenchée. Le 18 juillet, Hemingway vient s'adjoindre à l'une des divisions blindées du général Patton ; mais il ne s'y plaît guère et passe bientôt à la 4e division d'infanterie du général Barton. Il n'est pas long à se mêler de guerroyer plus activement qu'il ne sied à un simple correspondant de presse : à Villedieu-les-Poêles, au mépris de la convention de Genève, il lance trois grenades dans une cave où les S.S. sont censés se cacher. Il envoie à *Collier's* des dépêches criantes d'inexactitude, mais pleines de vie. Sa véritable mission, à l'entendre, est de recueillir des renseignements sur les positions ennemies, pour les transmettre aux vrais combattants officiels. Il s'est bombardé chef d'une unité de renseignement bénévole dont il est aussi toute la troupe.

On a chanté très haut le rôle de Hemingway dans la libération de Paris ; on aura toujours du mal à démêler la vérité vraie de la poésie dans l'affaire, mais il ne fait pas de doute que le 20 août, cinq jours avant la libération de la capitale, il est à Rambouillet et sert d'agent de liaison officieux entre les patrouilles de partisans français et la 5e division d'infanterie, alors basée à Chartres.

Il est confortablement installé dans deux chambres à l'*Hôtel du Grand-Veneur*, où il mange bien, boit bien, interroge des prisonniers allemands et constitue son propre corps d'irréguliers. Le matin du 23 août, le général Leclerc arrive à Rambouillet ; et Hemingway est requis, comme d'autres, de fournir les informations en sa possession aux services de renseignement de Leclerc. Le général, apparemment, ne prend pas de gants : il ordonne aux irréguliers de ne pas se mêler de la libération qui est proche et dont il fait son affaire. « Un général grossier est un général inquiet », écrit Hemingway, qui appellera le grand soldat : « Ce petit con de Leclerc. »

Tout au début de l'après-midi du 25 août, Hemingway se trouve sans conteste au Bois de Boulogne, quelque peu exposé aux mitrailleuses et aux canons allemands, mais

armé d'une carabine et prêt à deux « libéra-
tions » — ou libations — celles du *Traveller's
Club*, aux Champs-Élysées, et du *Ritz*, place
Vendôme. Cela fait, il prend une chambre au
Ritz, et là, dans un brouillard quasi permanent
de vapeurs de champagne et de cognac, il
attend de pied ferme les visites de ses adora-
teurs.

Mary Welsh est l'une des premières. Leur
amour, qui est un des fruits de la victoire, est
aussi maintenant un secret de polichinelle.
André Malraux fait une entrée martiale, en
grand uniforme de colonel et bottes de cavalerie étincelantes. Hemingway et lui se connaissent depuis la guerre d'Espagne, et Ernest
n'a jamais pu lui pardonner de s'être retiré du
conflit en 1937 et d'avoir déserté le camp
républicain pour s'en aller pondre d'énormes
« chiées d'œuvre » comme *L'Espoir*. Or, voici
que Malraux se vante d'avoir eu deux mille
hommes sous ses ordres ; c'est beaucoup,
comparé à la maigre poignée de loqueteux de
son ami Ernest, lequel passe pour lui avoir
répliqué : « Dommage que tes troupes ne
nous aient pas aidés quand nous avons pris
cette petite bourgade de Paris. » Sur quoi, l'un
des partisans murmure à Hemingway : « Papa,
on peut fusiller ce con ? » Le sergent J. D. Salin-
ger est là aussi pour représenter la génération
post-hemingwayenne d'écrivains américains,
et le bon grand géant offre de jeter un coup
d'œil sur ses œuvres. Surtout, la chambre 31
du *Ritz* est consacrée aux joies de l'amour pré-
conjugal avec Mary Welsh, joies brèves, mais

passionnées, à grand renfort de Lanson brut.

Brèves, parce que, pour Hemingway, la guerre n'est pas finie. De nouveau, il se détache auprès de la 4ᵉ division et pénètre en Belgique avec ses anciens camarades ; il assiste et, à sa façon, concourt au difficile démantèlement du Mur de l'Ouest. Mais voilà qu'on le convoque au G.Q.G. des Forces expéditionnaires américaines, à Nancy. Un certain colonel Park l'informe que les autres correspondants de guerre ont porté contre lui de graves accusations : d'après eux, il aurait combattu activement avec la résistance, créé de toutes pièces un Q.G., chef d'état-major et salle de cartes y compris, délibérément dissimulé ses insignes de non-combattant, enfin (et c'est là l'accusation la plus cruelle et la plus malveillante de toutes) empêché l'avance en bon ordre des forces officielles en se comportant comme un de ses personnages de roman. Il nie ces accusations, niant du même coup toute son entreprise et son presque héroïsme. Il fait sa déclaration sous serment, et il est prêt à persévérer dans ce parjure flagrant, qui pourtant entretiendra en lui une gêne durant de nombreuses années. Si les accusations sont prouvées, le châtiment sera le rapatriement immédiat et la perte du titre de correspondant de guerre — peine légère, à cela près qu'elle lui ferait perdre la face et l'exclurait de la pénétration finale en Allemagne. Mais il est acquitté. Assez secoué, il se replie au *Ritz*. Martha, c'est bien d'elle, est maintenant plus proche que lui des combats : ses beaux cheveux ornent gracieusement les Q.G. avancés de la 82ᵉ division aéroportée, à Nimègue. Mais Martha peut bien faire ce qu'elle veut, à présent. Mary, « le Rubens de poche de papa » est avec lui à Paris. Marlene Dietrich aussi, pendant un temps ; le *Ritz* lui sert de Q.G. ; c'est là qu'elle prépare, de là qu'elle lance ses fameux raids musicaux en premières lignes. Et puis, Hemingway apprend que la 4ᵉ division d'infanterie va déclencher une grande offensive ; il veut en être.

Il gagne le Hürtengewald, forêt de Rhénanie d'où les Américains se préparent à chasser les Allemands solidement retranchés, pour frayer la route à ce qui sera, espère-t-on, l'assaut décisif.

Tous les témoignages concordent sur la bonne conduite de Hemingway — brave, plein d'humour, toujours au plus fort de la mêlée, père pour les hommes, frère aîné pour les officiers. Il passe par trois semaines terribles, où l'on compte près de trois mille morts et blessés pour le seul régiment auquel il est affecté ; mais il assiste à la déroute des Allemands. Fatigué, malade, il bat en retraite une fois de plus au *Ritz* où il reçoit Jean-Paul Sartre et Simone de Beauvoir et leur déclare, avec une générosité qui lui est peu commune, que William Faulkner est de loin un meilleur écrivain que lui. Au lit avec un rhume qui ne le quitte pas et des vomissements de sang périodiques, il reprend vie à la nouvelle de la grande offensive imminente des Ardennes, la Bataille de la Poche, qui, il le devine, sera le dernier grand heurt du front de l'Ouest. Il veut être à nouveau avec la 4e division, sur le flanc gauche des lignes américaines, pour voir les blindés du général von Rundstedt tenter désespérément une ultime percée. Il tire des ficelles et se trouve au Luxembourg à temps pour la Noël. Un colonel de ses amis organise une petite surprise pour lui : il invite Martha à passer au mess de Rodenbourg cette période prudente de réjouissances. Les retrouvailles sont un désastre.

Martha a déjà parlé de divorce en novembre. Maintenant, il éclate au grand jour, que, plus tôt ce couple mal assorti se séparera, mieux cela vaudra. Martha fait la morale à Ernest, l'accable de sarcasmes ; il la traite avec la souveraine condescendance du guerrier authentique pour la non-combattante qui suit dans les fourgons de l'armée, bien que Martha ait fait autant de visites au front que lui. Un V-2 fend les airs ; en journaliste sans merci, Martha note l'heure et le lieu en disant : « Rappelle-toi bien, Ernest, ce V-2 est pour mon article, pas pour le tien. » Commence alors, pour Ernest, une période de fureur vindicative et d'inconduite publique, non seulement au Luxembourg, mais, après le retour au *Ritz*, à Paris. Il transfère son hostilité de Martha sur l'époux de Mary, lequel, semble-t-il, met des bâtons dans les roues du divorce. Il vide un chargeur d'un pistolet mitrailleur sur le portrait du malheureux — que Mary a eu la fâcheuse inspiration d'emporter dans ses bagages — après l'avoir installé sur la cuvette du W.C. Il hurle et rit comme un dément, puis adresse à la direction une longue et folle harangue en excellent français, juché sur le bidet d'où il domine la salle de bain inondée. Mary a désormais un aperçu de l'avenir qu'elle se prépare. Elle n'en reste pas moins convaincue d'aimer son grand homme. Hemingway venait de tirer son dernier (d'aucuns ont dit : son seul) coup de feu de la guerre. Le conflit touche à sa fin et n'a plus besoin de ses services. Il est temps de rentrer à la maison.

Finca Vigia (la ferme de la Vigie) est une enclave de luxe et d'ordre au sein d'une petite ville cubaine qui croule de pauvreté. Cinq hectares de jardins d'agrément et de potager, des pâturages à vache, un verger, un arbre tropical énorme — un kapokier — dont les racines menacent de crever le sol du bâtiment principal. Une maison blanche en bois pour les invités. Une tour carrée destinée aux retraites laborieuses, mais servant avant tout de logis aux trente chats du domaine. Trois jardiniers, un boy, un chauffeur, un cuisinier chinois, un menuisier, deux bonnes, un homme chargé de soigner les coqs de combat. Des chiens dont un, Chien Noir, qui reste couché aux pieds du maître pendant qu'il écrit. A la fin des années 40, la prochaine révolution cubaine ne couve pas encore. Hemingway coule des jours de

bonheur avec celle qu'il appelle, très excep-
tionnellement : « Miss Mary. » Écoutons-le :

> *Type comme moi, libre de choisir dans le
> monde entier, naturellement, on se demande :
> pourquoi ici ? D'habitude, n'essaie pas d'expli-
> quer. Trop compliqué. Les clairs matins frais où
> l'on peut faire du bon travail, seul réveillé de la
> maison avec Chien Noir et les coqs de combat qui
> lancent leur premier communiqué. Où, ailleurs
> qu'ici, peut-on en toute légalité dresser des coqs
> au combat et parier sur ceux en lesquels on
> croit ? Certaines gens agrafent les combats de
> coqs pour leur cruauté. Mais que diable un coq
> de combat aime-t-il plus dans la vie que de se
> battre ?... L'envie vous prend de faire un tour
> en ville ? Vous n'avez qu'à passer une paire de
> sandales ; pas mieux que cette ville pour se
> changer un peu de soi ; ces filles de Cuba, rien
> que de les regarder dans leurs yeux noirs — ils
> brûlent comme la lumière du soleil... A une
> demi-heure de la finca, on a le bateau tout
> paré ; on embarque et, un quart d'heure après,
> on est dans les eaux bleu noir du Gulf Stream,
> avec quatre lignes à la mer.*

Il est heureux, mais, aux yeux de ses
admirateurs, vidé de sa force créatrice. Depuis
Pour qui sonne le glas, il n'a rien produit d'important. Il a écrit une bonne partie d'un assez
mauvais roman, puis, soudain conscient de
cette baisse de qualité, l'a abandonné. Il n'a
pas fait le moindre effort d'imagination pour
ordonner la masse d'expérience ramenée de la

guerre et accumulée dans sa mémoire et dans ses notes. Il a beau approcher de la cinquantaine, il n'est pas disposé à se taire. Poussé par le besoin de réveiller et d'aiguillonner l'imagination créatrice, il quitte son domaine de terre, de coqs de combat et de daiquiris au *Floridita Bar* pour retourner en Europe, mère de tous les arts. Venise devient sa nouvelle maîtresse, bien que, ayant versé son sang jadis en Italie du Nord, il soit convaincu d'avoir sur elle des droits anciens de propriété. Avec Mary, il s'installe, tout heureux, dans l'hiver vénitien, d'abord sur l'île de Torcello, puis à Cortina. Il tire le canard et la perdrix et essaie d'écrire. Sans qu'il s'en doute encore, il a besoin de l'étincelle de jouvence des relations avec une créature qui lui tiendrait lieu de fille — relations caduques comme les feuilles de l'automne de la vie, teintées d'un minimum d'érotisme, délicieusement douloureuses. Il trouve cette étincelle chez une jeune fille de dix-neuf ans, Adriana Ivancic, à la voix douce, d'un catholicisme dévot, d'une féminité en passe d'extinction rapide en Amérique. Lui-même juge son attitude envers elle parfaitement paternelle ; pourtant, il fait d'elle l'héroïne d'un roman où l'érotisme incestueux qu'il ne soupçonnait pas en lui folâtre dans le vaste lit de son imagination. Ce roman, c'est *A travers le fleuve et sous les arbres*.

Le général Stonewall Jackson, juste avant de mourir, parla de traverser le fleuve pour aller se reposer à l'ombre des arbres. Qui connaît la référence sait aussitôt à quoi s'en tenir sur le sujet du roman : l'histoire d'un vieux soldat conscient de sa mort imminente. Le vieux soldat de Hemingway, le colonel Richard Cantwell, n'est pas tellement vieux — pas plus que son créateur — et il meurt d'une crise cardiaque, non au champ d'honneur. En outre, il meurt à Venise, parmi des images chargées de vie et toutes sortes de preuves des merveilles de l'imagination humaine ; il est aussi aimé d'une jeune et belle *contessa*, prénommée Renata et qui, plus qu'une jeune fille, est en fait la divinité tutélaire de la ville même. Cette fois encore, Hemingway s'en paie avec son truc de la mort qui frappe en pleine vie (la mort dans l'après-midi a pour théâtre, ce coup-ci, le centre de la cité, plein d'une fièvre de gens, de vin, d'amour) ; il se réconcilie avec la mort en la présentant comme un élément du cycle vital. Il tente aussi de faire de l'art à partir d'un thème qui, traité faiblement, donnera forcément dans le sentiment, mais, bien traité, peut être digne de Shakespeare, de Sophocle, de Joyce : le thème du père amant fatigué et de la radieuse fille maîtresse. Un livre sur l'amour d'une vieille femme pour un adolescent est comique ou répugnant ; mais l'amour d'un vieil homme pour une jeune fille tire des larmes saines aux abonnés des bibliothèques de prêt ou suscite le frisson crépusculaire qui est le propre des grands contes bleus, voire de la tragédie. Le *Times Literary Supplement* eut la bonté de déceler une qualité shakespearienne dans le roman de Hemingway, tout comme John O'Hara dans le *New York Times* ; mais la plupart des critiques y virent surtout mauvais goût, pauvreté de style et sentimentalité.

Le fait est que le livre manque d'équilibre. Les images ne collent pas. Le « corps » du vin blanc que boivent les amants a « la même plénitude adorable que celui de Renata », ce qui est idiot. Dans les passages érotiques, le lourd maniement de l'imagerie militaire, pourtant si élégante dans la pornographie du XVIIIe siècle, se révèle ici très gênante (« S'il te plaît, attaque doucement, et surtout ne change pas d'attaque »). Les personnages n'ont pas droit aux gestes ni aux actes les plus élémentaires, comme de fermer une portière de voiture, de tendre la main vers une coupe de champagne ou de mastiquer un steak ; non, ce serait trop simple ; il faut qu'ils s'en acquittent « bien », ou « dans les règles », ou les deux à la fois. Il y a trop de coups de patte hors de propos — à Sinclair Lewis, par exemple, qui n'a jamais voulu de mal à Hemingway et qui n'est pas responsable de son visage grêlé ; à Martha Gellhorn (sous le déguisement transparent de la troisième femme de Cantwell) — ce qui, bien entendu, ne facilite pas les tentatives désespérées du lecteur pour trouver sympathique le personnage de Hemingway.

Par contre, je ne connais aucun roman moderne — à l'exception, peut-être, de *Retour à Brideshead*, d'Evelyn Waugh, et de *Seven Against Reeves*, d'Aldington — qui rende à Venise un hommage aussi éloquent. Hemingway met presque toujours dans le mille lorsqu'il évoque la pierre et les eaux, Torcello et Murano vues de la lagune, les matins froids, les boutiques et le marché, les succulences de la ville. Livrés à eux-mêmes, les sens de Hemingway fonctionnent d'habitude avec une belle animalité, enregistrant sensations visuelles, olfactives, auditives avec une justesse verbale qui est une vraie merveille. Que la pensée — c'est-à-dire une philosophaillerie éculée et, pis que tout, Hemingway posant au héros foudroyé — vienne à s'en mêler, et la prose faiblit, les images s'effondrent, le lecteur rougit d'embarras pour l'auteur ou sous ses propres efforts pour ne pas sourire.

Aujourd'hui, devant la première édition du roman, l'on est ému malgré soi par le dessin de la jaquette, œuvre du modèle même de Renata, Adriana Ivancic. Il y a là une célébration d'une situation vécue, infiniment plus touchante que la tentative de Hemingway pour faire de l'art. En bonne et sage épouse, Mary a vu ce qui arrivait à Ernest ; elle compatit. Ce sont les derniers feux d'une soif sans espoir de jeunesse. L'homme entre deux âges brûle douloureusement de renaître (le féminin du latin *renatus* — re-né — est *renata*), mais n'ignore pas qu'il est trop tard. Ce qui donne à *La Veillée de Finnegan*, de Joyce, son charme tout humain — auquel, trop souvent, les lecteurs, ne retenant de cette œuvre qu'une fantaisie verbale, sont aveugles — c'est justement le désir sans espoir que ressent son héros, Earwicker (encore un quinquagénaire), pour la fille de ses œuvres qui ne pourra jamais être une maîtresse. Dans son rêve, *inceste* devient *insecte*, et Earwicker le tragique, un comique : un simple *earwig* (perce-oreille). Une histoire universelle comique, une chronique des grands hommes pris au piège de l'amour interdit, enveloppe le péché qu'Earwicker n'ose pas commettre. Hemingway n'a pas la dimension de Joyce : il est incapable d'éclairer d'un peu d'humour son triste sort. Il aborde de mauvaise grâce le seuil de la vieillesse.

La fin de 1950 est une mauvaise période. Devant le Hemingway de *A travers le fleuve et sous les arbres*, les critiques hochent la tête et le déclarent fini. Mais sa réaction, à part, comme d'ordinaire, les grognements de fureur et les menaces d'aller casser quelques gueules, est de travailler dur pour bien montrer qu'il est loin d'être fini. Il écrit un long « roman marin » (publié, comme on le sait, en œuvre posthume sous le nom d'*Islands in the Stream* — Iles dans le courant — et auquel toute la critique fera grise mine). Il est tout à la joie de sa facilité à déverser des torrents de mots, qui, déclare-t-il à Adriana, doivent tout à elle. Cela à la Finca retrouvée, où sont en visite Adriana et sa mère. Hemingway a transformé la fille-maîtresse de ses rêves en muse, processus classique et salubre. Le roman marin devra comporter quatre longues parties, dont trois ont déjà des titres provisoires : *The Sea when Young,*

The Sea when Absent, The Sea in Being. Dès l'automne de 1951, le romancier a taillé dans l'énorme masse verbale. Il en reste encore un roman de fort substantielle dimension.

Pourtant, il décide de ne pas le publier. Les raisons qu'il en donne sont un peu trop nombreuses : les impôts engloutiraient les bénéfices ; une partie du livre abonde en allusions à bien trop de personnes ; il désire réviser, mais pas tout de suite. Peut-être la raison véritable est-elle sa conscience de la grisaille relative et de la médiocrité stylistique du roman. Toutefois, il est disposé à en détacher une partie pour la publier comme un tout en soi dans sa brièveté. Il s'agit de la nouvelle qu'il intitulera *Le Vieil homme et la mer* — et qui, en lui valant le Prix Pulitzer, rétablira sa réputation internationale au point de le faire juger digne du plus grand de tous les prix, connaîtra d'énormes tirages, touchera aux larmes l'homme de la rue, et est indiscutablement un petit chef-d'œuvre. Que Hemingway puisse écrire aussi magnifiquement et de façon aussi quelconque dans le même temps illustre un des mystères du processus créateur. Ce petit volume paraît en 1952 (sous une couverture dessinée encore par Adriana), après avoir été publié en entier dans un numéro de *Life* vendu à plus de cinq millions d'exemplaires en quarante-huit heures. L'impact est inimaginable. L'œuvre inspire des prêches ; chaque jour, l'auteur reçoit une centaine de lettres de louanges ; dans la rue, des gens pleurent en l'embrassant. Les larmes aveuglent le traducteur italien dans son travail. Comme le héros est un pauvre pêcheur cubain, le gouvernement de Batista (que Hemingway déteste en privé) lui décerne une médaille d'honneur « au nom des pêcheurs professionnels d'espadon, de Puerto Escondido à Bahia Honda ». Les propositions de film ne tardent pas à affluer. Hemingway, plus sarcastique que jamais sur l'inévitable massacre d'une œuvre par le cinéma, ne s'en prend pas moins de vive sympathie pour Spencer Tracy (la vedette proposée) en tant qu'homme. Par la suite, il dira que, dans le film, Tracy a l'air d'un acteur de Hollywood adipeux essayant de jouer les pauvres pêcheurs cubains.

La popularité universelle de ce petit roman, que le temps n'a pas démentie, se comprend facilement. Il traite du courage qui tient tête à l'échec. Sur sa barque, un vieil homme sort en mer et aperçoit un gros espadon. Comme le matador devant le taureau, il se sent attiré par la magnifique créature, à tel point que, même si l'un d'eux doit y rester, peu lui importe lequel. Avec une humilité quasi religieuse, le vieux Santiago dit : « Jamais je n'ai vu être plus grand, plus beau, plus calme ou plus noble que toi, frère. Vas-y, tue-moi. » Son acceptation de la mort comme acte d'adoration est récompensée : il tue le poisson, bien que, aussitôt, le remords le torture : « Tu l'as tué par orgueil et parce que tu es un pêcheur. » Tandis qu'il remorque l'énorme prise vers le rivage, les requins s'attaquent à la bête : c'est le châtiment de la démesure du pêcheur. Quand il accoste, il ne hale plus qu'un gigantesque cadavre mutilé. Mais l'échec de Santiago n'en est pas vraiment un. Il a fait preuve de l'orgueil et de l'humilité qu'il faut ; il a osé et atteint à la grandeur. « L'homme n'est pas fait pour la défaite. On peut le détruire, mais non le vaincre. » Cette fable simple est chargée, mais sans ostentation, de significations allégoriques qui enchantèrent les prédicateurs du dimanche. Comme exercice de prose « déclarative » sans prétention, elle demeure sans égal dans l'œuvre de Hemingway. Le moindre mot porte et il n'y en a pas un de trop ; les longues heures passées à apprendre le métier de pêcheur d'espadon — gâchis, fuite devant soi-même, temps jugé « réactionnaire » par des voix de gauche depuis longtemps maintenant réduites au silence — se sont révélées payantes. La connaissance des choses est aussi nécessaire à l'écrivain que celle des mots.

C'est un Hemingway plein d'un senti-ment de satisfaction et d'accomplissement qui repart pour l'Afrique en passant par Pampe-lune. Il a beau n'avoir pas fait acte de vantar-dise, la vie ne l'en punit pas moins. Il tire bien, Mary aussi. Il a le plaisir d'être fait conserva-teur honoraire du gibier des marais Kimana, au Kenya. Le 21 janvier 1954, le couple décolle de l'aéroport de Nairobi ouest, à bord d'un petit avion piloté par un jeune homme du nom de Roy Marsh, dans l'intention de faire un saut au Congo belge. Au-dessus des chutes de Murchison, sur le Nil Victoria, un vol d'ibis traverse leur route aérienne. En piquant pour l'éviter, Marsh heurte un fil télégraphique désaffecté, tendu au-dessus de la profonde et étroite vallée. L'hélice est touchée. L'avion perd obstinément de la hauteur et s'écrase dans un fourré d'épines, à cinq kilomètres au sud-ouest des chutes. Ernest a l'épaule droite luxée ; Mary est fortement commotionnée. A part cela, personne n'est blessé. La radio ne fonctionne pas ; il ne semble y avoir aucune chance de secours par voie de terre. Après une nuit passée à somnoler près d'un feu sur une colline, les naufragés voient un bateau blanc, le *Murchison*, accoster à un débarcadère du grand fleuve. Ils font des signaux, poussent des cris, descendent vers la rive. Un Indien madré qui a une grande habitude des riches Américains a la charge du bateau. Il l'a loué à John Huston pendant le tournage de *The African Queen* (la Reine africaine). Il demande cent shillings par passager. Comme dit un personnage du romancier, Len Deighton : en fait de business, il n'y a que le show-business. Les trois rescapés sont conduits à Butiaba, sur la rive orientale du lac Albert — pour y apprendre que déjà le télégraphe bourdonne de l'annonce de la mort d'Ernest Hemingway (et accessoirement, cela va de soi, de sa femme et de son pilote). Un Argonaute de la B.O.A.C. avait repéré l'épave, mais sans aucune trace de survivants.

Et voici que l'incroyable se produit, prouvant que, toujours, la foudre frappe deux fois le même arbre. Les rescapés organisent leur transfert de Butiaba à Entebbe à bord d'un De Havilland Rapide de douze places, mais sans même parvenir à décoller. L'avion, qui paraît juste viable, cahote sur une piste pleine de pierres et d'ornières, s'élève un peu, glisse sur l'aile, prend feu. D'un grand coup de tête et d'épaule luxée, Hemingway ouvre une porte coincée, pendant que Roy Marsh défonce du pied un hublot, par lequel il passe avec Mary. Hemingway écrit :

> *Il y a eu trois petits pof ! représentant l'explosion des bouteilles de Carlsberg qui formaient encore notre réserve un instant plus tôt. Suivit un pof ! un peu plus sonore ! c'était la bouteille de Grand MacNish. Après quoi, j'ai entendu distinctement une explosion plus forte, mais sans atteindre encore à la violence, que je savais provenir de la bouteille non entamée de Gordon's gin. Celle-ci étant fermée par une capsule métallique, son explosion est forcément plus puissante que celle de la bouteille de Grand MacNish, fermée par un simple bouchon et, de toute manière, déjà à demi consommée. J'ai guetté d'autres explosions, mais en vain.*

La légende veut que Hemingway soit sorti de l'accident en brandissant un régime de bananes et une bouteille de gin et en criant : « Ma chance, elle va très bien, merci ! » Peu de temps après, Rosemary Clooney et son mari José Ferrer enregistraient une chanson populaire avec ce refrain ; cela débute par un fracas d'avion qui s'écrase ; après quoi, cela traite l'aventure africaine sur le mode comique conventionnel. En réalité, Hemingway a beau s'efforcer de prendre la chose à la légère, il est très grièvement blessé, si Mary ne l'est pas. Il se trouve même, en dépit des télégrammes de félicitation et des articles nécrologiques prématurés (qui sont censés accorder à leur bénéficiaire un nouveau bail de vie), en danger de mort. La liste des dégâts dressée, à Nairobi, précise : grave commotion générale, perte de vision temporaire de l'œil gauche, perte de l'ouïe de l'oreille droite, paralysie du sphincter, brûlures au premier degré à la face, aux bras et à la tête, luxation de l'épaule et du bras droits ainsi que de la jambe gauche, écrasement d'une vertèbre, lésion au foie, à la rate, à un rein. Comme si cette addition ne suffisait pas, il aide, un mois plus tard, à éteindre un incendie de brousse, tombe dans les flammes, en ressort avec des brûlures au second degré aux jambes, au ventre, à la poitrine, aux lèvres, à la main gauche et à l'avant-bras droit. Sur quoi, il se tient tranquille en attendant à Monbasa le bateau pour Venise. Venise, croit-il, le remettra d'aplomb.

A. E. Hotchner, un de ses nouveaux amis et de ses futurs biographes, est atterré par le changement qu'il constate en lui :

> Lorsque j'entrai dans sa chambre, je le trouvai assis dans un fauteuil, près des fenêtres, et lisant, les yeux abrités par l'inévitable visière de tennis blanche (il en commandait par douzaines chez Abercombie et Fitch). Il portait son

peignoir de bain en laine, tout froissé, et sa ceinture de cuir GOTT MIT UNS... *Je restai un instant immobile sur le seuil de la porte ouverte, tant j'étais frappé par son aspect... Ce qui m'avait donné un coup, c'était de voir comme il avait vieilli en l'espace de cinq mois. Ce qui lui restait de cheveux (le feu en avait brûlé la plus grande part) avait viré du poivre-et-sel au blanc, ainsi que la barbe ; et il paraissait comme diminué — je ne veux pas dire physiquement, non, mais l'aura qui se dégageait de sa masse s'était partiellement envolée.*

Il a arrêté sa thérapeutique personnelle : champagne frappé, accompagné de deux ou trois tranches d'articles nécrologiques chaque matin, sieste l'après-midi, pilules par poignées, plans de voyage en Espagne par la route. Bien qu'il souffre beaucoup, il est déterminé à boire la coupe de la vie jusqu'à la dernière goutte (*boire* est le mot juste). Mais l'éclat de sa vie passée ne cesse de resurgir pour déborder sur le prosaïque du présent, lequel ne peut acquérir de l'éclat qu'en devenant du passé. Hemingway regorge d'histoires de son passé, bien qu'on ne puisse croire à toutes. En 1965, par exemple, les Disques Caedmon, de New york, sortiront un trente-trois tours intitulé *Ernest Hemingway Reading* et qui livre à la postérité une de ses histoires mensongères — la fameuse que Hotchner et d'autres entendirent en direct, et qui concerne Mata Hari :

Il déclara à notre groupe, copieusement abreuvé de vin, qu'il ne l'avait pas très bien connue, puisqu'il n'était qu'un simple sous-lieutenant et qu'elle frayait avec les généraux et les ministres — « mais, une nuit, je l'ai très bien baisée, quoique je l'ai trouvée cent pour cent trop forte des hanches et aimant mieux recevoir que donner ».

Hemingway, nous le savons, s'est rendu pour la première fois en Europe en 1918. Mata Hari avait été fusillée pour espionnage l'année précédente.

Sur sa gloire présente, il n'a pas besoin de mentir. Traversant le Piémont en voiture, au cours de la deuxième étape du voyage à Madrid (la première étape l'a conduit à Milan, où il a revu Ingrid Bergman, et raillé le mariage civil de l'actrice avec le grand metteur en scène de cinéma Roberto Rossellini), il est assiégé par ses admirateurs dans la ville de Cuneo. A demi écrasé sous leur enthousiasme, traumatisé, malade, il se fait raser la barbe à Nice. Puis, en avant pour Madrid, les courses de taureaux et d'affectueuses retrouvailles avec Ava Gardner, alors amoureuse du matador Luis Miguel Dominguin. Mais fatigué, malade, Hemingway doit rentrer à Cuba.

En 1954, il reçoit le Prix Nobel de littérature, récompense dont il a et n'a pas envie à la fois. Après tout, Sinclair Lewis, dont il exècre à la fois l'œuvre, le caractère et le physique, et William Faulkner, qu'il semble désormais tenir pour un verbeux imbibé de bourbon, sont deux anciens lauréats. En outre, « pas un seul enfant de salaud ayant eu droit au Nobel n'a jamais rien écrit qui mérite d'être lu, après », déclare-t-il avant de l'obtenir. Une fois qu'il l'a, il trouve à redire à la citation officielle du Comité du prix, qui voit en lui un écrivain héroïquement sorti d'une première période, « brutale, cynique et sans cœur », pour devenir un genre de Marryat, plein d'un « viril amour du risque et de l'aventure », avec une « maîtrise, puissante et forgeuse de style, de l'art de la narration moderne ». Le résumé entier de sa carrière littéraire est inepte, et l'expression « forgeuse de style » fait penser à la traduction par un ordinateur d'un mot suédois signifiant autre chose (ou du moins une chose : que « forgeuse de style » ne veut rien dire du tout). Le chèque de 35 000 dollars enchante Hemingway : à présent qu'il est riche, il s'est mis à jouer les hommes harcelés par de graves difficultés financières. Quant à la médaille d'or, il envisage d'en faire cadeau à Ezra Pound, qui mérite toutes les médailles littéraires du monde, puis, finalement, il en fait don au sanctuaire de la Virgen de Cobre, sainte patronne de Cuba.

Il ne va pas assez bien pour se rendre à Stockholm, mais jure qu'il n'y aurait pas plus mis les pieds s'il avait été en forme : lui qui n'a jamais possédé le moindre jeu de sous-vêtements, ne va pas s'amuser à faire maintenant la dépense d'un habit à queue. Pourtant, le discours qu'il écrit et qui sera lu par l'ambassadeur des États-Unis est bien pensé et d'une gracieuse rudesse :

Écrire, à son sommet, donne une existence solitaire. Les associations d'écrivains apportent un palliatif à cette solitude, mais je doute qu'elles améliorent les écrits. Plus l'écrivain dépouille sa solitude, plus il prend de stature aux yeux du public ; et souvent son œuvre en pâtit. Car il accomplit son œuvre seul et, pour peu qu'il soit assez bon écrivain, chaque jour il lui faut affronter l'éternité, ou le vide de l'oubli. Pour le véritable écrivain, chaque livre devrait être un nouveau début, une nouvelle tentative pour atteindre l'inatteignable. Il doit toujours tenter quelque chose qui n'ait jamais été fait, ou que d'autres aient tenté en vain. Alors, parfois, avec beaucoup de chance, il réussira. Comme le métier littéraire serait simple, s'il suffisait uniquement d'écrire d'autre façon ce qui a déjà été dit et bien dit ! C'est parce que notre passé fourmille de grands auteurs que l'écrivain se trouve poussé si loin, plus loin qu'il ne peut aller, jusqu'au point où nul ne peut plus l'aider. J'ai parlé trop longtemps pour un écrivain. L'écrivain devrait écrire ce qu'il a à dire et non le parler. Encore une fois, merci.

Ce qui lui fait plus de plaisir que le Prix Nobel — avec son cortège d'innombrables interviews et visites de fâcheux — c'est le tribut spontané d'affection et d'admiration de la foule lors d'une corrida à Saragosse. On lui dédie deux taureaux ; on lui demande son autographe sur des centaines de billets d'entrée. Les aficionados espagnols connaissent *Mort dans l'après-midi*, qu'ils considèrent comme un testament d'amour, un hommage au peuple espagnol autant qu'à son rituel séculaire le plus important ; malgré l'interdiction dont le régime phalangiste a frappé *Pour qui sonne le glas*, les Espagnols en ont entendu parler et savent à quoi va le cœur de Hemingway. Ils voient en lui un ennemi de Franco, trop puissant pour qu'on lui ferme l'accès du pays qu'il aime. Mais, s'il a l'air puissant, en réalité il est très malade.

Sa tension artérielle et son taux de cholestérol sont dangereusement élevés ; son foie fonctionne affreusement mal (il ne l'arrange pas à force de boire) ; il souffre d'une inflammation de l'aorte. On le prévient : ni matières grasses, ni alcool, ni plaisirs amoureux. Morose, il va hiverner à Paris, au *Ritz*, où il fait une découverte stupéfiante, qui le ressuscite. Depuis 1928, deux petites malles à son nom languissent dans les caves du *Ritz*. Elles contiennent de vieilles notes manuscrites, des tentatives avortées de romans et de reportages du bon vieux temps. Un beau livre devait naître des années du Nobel Hemingway, en dépit des cyniques sarcasmes de l'auteur — mais un livre dont les fondations étaient déjà jetées, et les bonheurs stylistiques, déjà des faits accomplis aux beaux jours de lutte d'antan. Ce livre sera publié à titre posthume, et s'intitule *Paris est une fête*.

A Cuba, Hemingway trouve à son retour la situation politique tendue — trop tendue pour un écrivain américain expatrié, que sa condition d'hôte empêche de parler à cœur ouvert. Une patrouille des forces gouvernementales, qui, en quête d'un rebelle en fuite, fouille le domaine de la Finca, abat l'un des chiens de Hemingway. Le maître, indigné, n'ose souffler mot. Il s'exile, ou se rapatrie dans l'Idaho, à Ketchum, où il suit anxieusement les nouvelles de La Havane. Le 1er janvier 1959, il apprend que Fidel Castro a pris la capitale et que Batista s'est enfui à Ciudad Trujillo. Il est heureux : « Pour la première fois depuis une éternité, le peuple cubain a enfin une vraie chance. » Il ne sait rien de Castro, mais affirme qu'il ne saurait y avoir pire que Batista. Il voit clairement que les intérêts financiers américains s'opposeront au nouveau régime et que, par conséquent, en sa qualité d'Américain, il va devenir *persona non grata* dans son pays d'adoption. Il s'inquiète au sujet de la Finca, mais un officiel du nouveau gouvernement, Jaime Bofils, lui téléphone qu'il prend la protection du domaine sous sa responsabilité personnelle. Le sergent de l'armée de Batista qui avait abattu le chien de Hemingway a été pendu, et son cadavre, mutilé, sans que ce soit pour ce crime en particulier. Pourtant, à la Finca, rien ne pourra plus jamais être comme par le passé. Avant de se rendre pour l'été en Espagne, Hemingway achète une maison à Ketchum. Il pourrait aussi récupérer Key West, s'il le désire. Pauline est morte. « Elle a franchi le seuil comme tout le monde, répond Hemingway à Tennessee Williams, qui lui demande la cause du trépas. Et de l'autre côté, elle a cessé d'être. »

Il célèbre son soixantième anniversaire près de Malaga, à La Consula, propriété d'un riche Américain de ses amis. Mary a organisé une soirée magnifique avec flamenco, feu d'artifice et gâteau géant. Le roi de la fête, dont les reins sont en mauvais état, manifeste des troubles qui ne sont pas seulement physiologiques. Il ronchonne et ricane à l'adresse de sa femme actuelle comme, autrefois de la défunte. Un ami, lui tapotant affectueusement la nuque, Hemingway hurle que c'est là un endroit entre tous où nul n'a le droit de le toucher. Il ne parle que de son passé romantique et tient sans raison un langage ordurier. Mary, qui a une sainte patience, ne gardera que mauvais souvenir de cet été en Espagne. Elle a hâte de rentrer à Cuba ou dans l'Idaho. Mais son mari, qui s'est engagé par contrat à écrire pour *Life* un long article sur la tauromachie, affirme ne pouvoir le faire qu'en Espagne. Cet article sera intitulé fort à propos *The Dangerous Summer* (l'Été dangereux).

L'article commence à s'enfler jusqu'aux dimensions d'un petit livre. Il faut qu'il le rapporte à la Finca pour le terminer. Toutes ses craintes de se voir chassé de Cuba sous les huées, comme étranger indésirable, se dissipent à l'aéroport de La Havane : toute la population de San Francisco de Paula est venue l'y accueillir avec des banderoles. Cela ne l'empêche pas de se tourmenter : « Pourvu que nos bon Dieu d'États-Unis ne fassent pas la bêtise de réduire nos importations de sucre. Ce serait la grande cassure. Autant vaudrait offrir Cuba aux Russes sur un plateau... L'anti-américanisme monte. Partout. A faire froid dans le dos. Si vraiment ils accrochent le grelot, mon compte est bon, c'est sûr. » Devant le monceau de travail qui l'attend — dont quatre-vingt-douze lettres qui réclament réponse — il ressent, pour la première fois de sa carrière, le besoin impérieux d'une secrétaire. En Espagne, il a rencontré une jeune fille de Glasgow qui ferait peut-être l'affaire. Faut-il « l'importer » ? L'article pour *Life*, qui compte maintenant 63 562 mots, a dépassé la date limite impartie. Hemingway a mal aux yeux — « La cornée se dessèche. Les canaux lacrymaux sont déjà taris » — ; sa seule lecture possible est une édition de *Tom Sawyer*, imprimée en gros caractères. *The Dangerous Summer* en est à 92 453 mots.

Il atteindra les 108 746 mots. L'auteur est incapable de le couper. De plus, il se croit forcé de retourner en Espagne pour vérifier certains détails, comme la pratique qui consiste à limer les cornes des taureaux. Il a aussi besoin de certaines photographies. Il avoue qu'il s'agit bien d'un livre. Combien pourrait-il lui rapporter ? La question d'argent le tourmente, bien que ses droits d'auteur s'élèvent à quelque 100 000 dollars par an ; son compte auprès du percepteur est amplement pourvu, son portefeuille d'actions et de titres est bien gonflé et florissant. La Twentieth Century-Fox, désireuse d'acheter dix nouvelles de la série Nick Adams, en offre 100 000 dollars : « Bon Dieu, c'est ce qu'ils ont casqué pour une seule nouvelle ! s'écrie Hemingway. Ils ont craché ça pour *les Neiges du Kilimandjaro...* Une fois qu'on a fixé un prix à Hollywood, on ne doit plus en démordre. Ils peuvent avoir ces dix nouvelles pour neuf cent mille dollars. » Ces paroles comme d'autres du même genre viennent non pas d'un battant musclé et endurci, mais d'un vieillard dolent à barbe blanche. Hotchner écrit : « Le torse et les épaules avaient perdu leur force et leur ressort, le haut des bras était flasque et informe, comme si un rabot maladroit avait fait sauter des copeaux des énormes biceps. »

The Dangerous Summer paraît en partie dans *Life* — texte décevant, répétitif et terne, accompagné d'une page de photographies qui, à Madrid, plonge Hemingway dans une colère incompréhensible pour ses amis : « Celle qui est légendée *pase ayudado* — merde ! c'est la sorte de photo avec laquelle les photographes font chanter les matadors... Je suis la risée de tous ceux qui s'y connaissent un peu en tauromachie et qui ont vu ça. Je passe pour le roi des arnaqueurs et des entubeurs de tous les temps... J'aimerais mieux être mille fois démoli comme je l'ai été en Afrique, que de ressentir ce que j'ai éprouvé devant cette page de photos. » Et ainsi de suite, des heures durant. Pourtant, personne en dehors de lui n'arrive à trouver rien de mal à ces images. Et à propos des nouvelles illustrations qu'il s'est procurées en Espagne et qu'il est prêt à rapporter à New York, il s'inquiète : et si les règlements de la ligne aérienne espagnole *Iberia* interdisaient tout excédent de bagages et lui refusaient le droit d'emporter les photos? Hotchner et d'autres le rassurent : « Oui, réplique Hemingway, mais cet avion de minuit n'est pas un jet, et peut-être interdit-on les excédents de bagages sur les appareils à hélices. Si les photos ne partent pas, moi non plus. » Hotchner en est finalement réduit à obtenir du directeur d'*Iberia* l'assurance écrite que tout passager a droit à un excédent de bagages. Hemingway, après avoir plié le document, le serre avec soin dans son passeport.

Pourquoi d'ailleurs ne rentre-t-il pas en jet (sept heures au lieu de quatorze)? Parce que à bord d'un avion à hélices, il risque d'avoir moins d'ennemis à ses trousses. Parce qu'il préfère descendre sans se presser aux enfers anihilants de l'alcool et rencontrer la mort à loisir. Ses amis ont l'impression qu'il marche droit à la folie, et plutôt bon pas. De retour à Ketchum, il se tracasse parce qu'avec sa voiture, il a légèrement éraflé un autre véhicule : le shérif va le coller en taule ; les propriétaires de la voiture égratignée ne disaient pas la vérité lorsqu'ils assuraient que les dégâts ne méritaient pas qu'on en parle. Il prétend, malgré la preuve rassurante de son relevé de banque, que Mary et lui ne peuvent se permettre de garder la maison de Ketchum. Les agents fédéraux du fisc lui en veulent, dit-il. Il a fait venir aux États-Unis la pauvre fille de Glasgow rencontrée en Espagne et lui paie ses cours d'art dramatique : d'ici à ce que le F.B.I. prenne cela pour une façon de camoufler une atteinte manifeste à la morale ! Les deux hommes qui travaillent tard à la banque sont sûrement des « fédéraux » qui épluchent son compte. Et les deux gars, là, dans le bar, qui ont l'air de commis voyageurs, sont aussi des « fédéraux » — foutons le camp d'ici !

Il est hors de question de le convaincre d'aller voir un psychiatre.

Mais les troubles physiologiques sont assez nombreux pour le persuader du bien-fondé d'un examen par le Dr Hugh Butt, spécialiste du foie au St-Mary's Hospital de Rochester (Minnesota). Butt décèle des traces de diabète et une hypertrophie du foie — sanction pour toute une vie d'alcoolisme. Il n'est pas impossible qu'il soit atteint d'une maladie rare : l'hémachromatose ; mais un diagnostic définitif demanderait une biopsie, que le Dr Butt n'est pas prêt à pratiquer pour le moment. Le patient présente de l'hypertension, évidemment, et peut-être les drogues qu'il a prises pour l'enrayer sont-elles en partie responsables des symptômes dépressifs. Le Dr Howard P. Rome, psychiatre qui ne se donne pas comme tel au malade, pres-

crit et administre un traitement par électro-
choc.

Dans les premiers jours de l'année 1961,
Hemingway vieilli, frêle, pâle, les cheveux
blancs, les membres amaigris, mais paraissant
aller beaucoup mieux, est autorisé à rentrer
chez lui, à Ketchum. On lui demande une
phrase pour un volume d'hommage qui sera
offert en cadeau au président John F. Kennedy. Il y travaille une journée entière, sans
résultat : « C'est fini, ça ne vient plus », dit-il
en pleurant. Arrive le printemps ; comme en
proie à une vision intérieure ou à la révélation
proche du *nada*, Hemingway semble indiffé-
rent au renouveau. Il saisit un fusil de chasse
et deux cartouches. Mary, qui a beaucoup
souffert et montre un courage rare, le rai-
sonne jusqu'à l'arrivée du médecin local, qui
vient prendre la tension du malade, comme
chaque jour. Le praticien persuade Ernest de
lui remettre l'arme.

Il faut que Hemingway retourne à l'hôpital. Avant de monter dans la voiture qui doit le
conduire à l'aéroport, il s'élance vers le râte-
lier d'armes et appuie sur sa gorge un pistolet
chargé. Maîtrisé, frustré, dans l'avion il mar-
monne sans arrêt : « Drogué et enlevé ! » A
mi-chemin de Rochester, l'appareil se pose
pour faire le plein, et Hemingway, apparemment calme et sain d'esprit, descend pour se
dégourdir les jambes. Mais il cherche fréneti-
quement partout une arme à feu — jusque
dans la boîte à gants des voitures en stationne-
ment. Il essaie de se jeter sous les roues d'un

avion qui roule au sol. Quand il revient auprès du Dr Rome, on lui fait jurer sur l'honneur de ne plus essayer d'attenter à ses jours. Sa démence prend une forme très rusée : à sa femme, il présente le visage de la folie ; à ses médecins, celui de la douceur raisonnable. Le Dr Rome, à l'épouvante de Mary, croit pouvoir le renvoyer chez lui sans risque. Dans la voiture qui les ramène à Ketchum, Mary constate que ses craintes sans raison le reprennent. En pique-niquant au bord de la route, à midi, ils boivent du vin : Ernest est persuadé que la police de l'État va les arrêter pour transport d'alcool. Ils s'inquiète d'un endroit où passer la nuit : Mary doit téléphoner pour réserver des chambres dans des motels qui seront, elle le sait, complètement vides. De retour à Ketchum, il est morose, mais apparemment résigné à vivre.

Le matin du dimanche 2 juillet 1961, il se lève de très bonne heure, Mary dort encore. Il trouve la clé de la resserre où l'on a caché les armes, charge un fusil de chasse à deux coups qui lui servait à tirer les pigeons, et l'emporte dans le vestibule d'entrée. Lors de sa première conversation téléphonique avec Hotchner, il s'était présenté en disant : « Dr Hemingway. » Qui meurt cette année est quitte pour la prochaine. Mourir, c'est payer sa dette à Dieu. Dans la nouvelle *Un endroit propre et bien éclairé*, on trouve cette prière :

« Notre *nada* qui êtes au *nada*, *nada* soit votre nom et *nada* votre règne, comme *nada* votre volonté. » Il appuie sur son front les canons jumelés et tire. La maisonnée entière se réveille en sursaut.

Le plus volumineux des ouvrages posthumes de Hemingway est *Islands in the Stream* (Iles dans le courant) *, que sa veuve et son éditeur décident de faire paraître en 1970. Ils reconnaissent que l'ouvrage avait grand besoin de révision, mais estiment que ses mérites intrinsèques suffisent pour justifier sa place dans l'œuvre de son auteur. Pour qui veut étudier l'âme tourmentée de Hemingway, l'ouvrage a son intérêt particulier. Du point de vue de l'art et de la forme, ce roman ne saurait résister à l'analyse approfondie. Mais on y trouve quelque chose d'autre, une sorte de souffrance différente : le tourment de l'auteur, dont l'expérience personnelle fait presque peur, par sa transparence à travers les déformations romanesques.

La force de *Islands in the Stream* — et cette force existe — se situe juste en dehors des frontières de l'art du roman.

La première partie, la plus longue, la meilleure, raconte les vacances d'été de Tho-

---

* Adapté pour le cinéma en 1977, avec George C. Scott dans le rôle de Thomas Hudson, mise en scène : Franklin J. Schaffner.

mas Hudson, peintre américain célèbre, avec ses trois fils, dans l'île de Bimini. Hudson est apparemment très aimé et respecté de tous, sans avoir à se montrer le moins du monde aimable, bien que sa respectabilité ne soit jamais mise en doute. S'il a réussi dans son art, on n'en peut dire autant de ses deux mariages. Il surveille les rites d'initiation de ses plus jeunes fils à la virilité, essentiellement sous la forme de la bagarre avec de gros poissons ; bon père, il est toutefois un peu distant, plus prêtre que copain. A la fin de leurs vacances, deux des fils repartent. Quelques jours plus tard, Hudson reçoit un télégramme : avec leur mère, deuxième femme de Thomas, ils ont trouvé la mort dans un accident de voiture.

Dans la deuxième partie du roman, Hudson apprend que son fils aîné, pilote de chasse pendant la Seconde Guerre mondiale, a été tué au combat. Arrivée inopinée de la première épouse, sa mère. Actrice, elle remonte le moral des troupes de première ligne et ressemble fort à la chère « *Kraut* » de Hemingway : Marlene Dietrich. Elle ignore tout de la mort de son fils. Thomas Hudson et elle font l'amour. La mauvaise nouvelle passe de l'un à l'autre avec désinvolture : « Dis-moi une chose... il est mort ? — Bien mort, oui. » Ensuite, dans la troisième partie, Hudson part à la recherche des survivants d'un sous-marin nazi coulé au large des côtes cubaines. A la tête d'un équipage de six hommes, il est sur son yacht camouflé — de toute évidence le *Pilar*. Il parvient, ou le feint pour lui-même, à ne pas penser à ses fils morts. Il finit par être blessé grièvement, peut-être mortellement : on nous laisse sur notre incertitude. Sans doute le désespoir de Hemingway était-il bien trop superstitieux pour le pousser jusqu'à décrire ce qui serait en fait sa propre mort.

Et pourtant, Hudson, l'homme qui a réussi, qui est aimé, respecté, ne pense guère qu'à la mort d'un bout à l'autre du livre. Hemingway en est réduit à justifier cette obsession par toute une variété de trucs peu convaincants : souvenirs d'un jeune frère mort noyé, annonce glacée du décès des fils, guerre où l'on s'attend que la mort frappe. Il introduit même des rêves et des cauchemars qui font passer l'obsession de Hudson au plan de l'irrationnel. Un rêve le montre se servant apparemment d'un pistolet comme d'un pénis, puis, de guerre lasse, acceptant de tenir le rôle de la femme dans l'acte d'amour. Cette lassitude, cette violente nostalgie de la mort sont prises à Hemingway lui-même. Voilà un exemple classique de l'œuvre de fiction qui, pas plus qu'elle n'est une pleine réussite artistique, n'éclaire assez le drame spirituel de son créateur, que son tourment psychique a vraisemblablement poussé à une tentative de catharsis par le livre.

Quel est le mal qui rongeait Hemingway ? Peut-être sent-il grandir son incapacité de vivre son propre mythe ; plus encore, peut-être, une impuissance sexuelle qui, étant donné ses prouesses en d'autres domaines de l'action virile, l'affectait profondément. Il s'est toujours vanté d'avoir des *cojones* ; mais les *cojones* n'ont absolument rien à voir avec l'adresse au tir. Peut-être aussi y a-t-il eu dégoût de soi-même devant l'incapacité de vivre à la hauteur d'un idéal juvénil et joycien de consécration totale à son art : changé en étalage public de muscles, et par une gloire qui n'était pas la bonne, estima-t-il qu'il était trop tard pour faire machine arrière ? De toute façon, avec la gloire — avec le sentiment en général de la reconnaissance publique du succès — il faut s'attendre à l'incursion d'une mélancolie chronique, qui peut s'exprimer sous la forme d'une nostalgie violente de la mort. Ou, plus simplement, Hemingway s'est-il vu comme une exception à la règle de Thoreau, selon laquelle le sort commun à tous les humains est de mener une existence de désespoir discret ? Ce désespoir, que la plupart des hommes endurent de bonne grâce, était-il trop pour lui ? Était-il trop divin pour que l'on pût le croire capable d'endurance ?

Paris est une fête, les carnets parisiens remaniés qui, à la suite d'un martelage et d'un polissage patients, se présentent comme un genre d'autobiographie des années d'apprentissage littéraire, parut en 1964. La nuance religieuse du titre est aussi justifiée que celle de *Le Soleil se lève aussi*. Le jeune Hemingway et ses amis sont assez affamés et assez pauvres pour considérer tout repas comme un sacrement ; le festin de foi et d'espérance (mais assez peu de charité) qu'est la vie de bohème des années 20 fut un fait qui, gardé dans la mémoire, peut se répéter à l'infini comme une puissante liturgie, revivifiant un présent paradoxalement repu, mais vide de toute nourriture. Sur ces jours lointains, Hemingway ne trace pas le signe d'une bénédiction indifférente ; il se souvient de certains personnages avec un déplaisir sans merci qui se traduit par l'aigreur des formules — Wyndham Lewis a des yeux de « violeur raté » (Lewis a écrit sur Hemingway une étude méprisante, où il le dépeint comme un « bœuf obtus ») ; Ford Madox Ford est « une barrique ambulante, debout à cul et bien habillée » ; Gertrude Stein « était fichtrement bien avant de devenir ambitieuse ». A Scott Fitzgerald il réserve les plus violentes critiques et le traitement le plus minutieux — il n'est jusqu'à la taille de son pénis qui ne serve de thème à une brève esquisse — ; et les dernières phrases le gomment sans pitié :

> Bien des années plus tard, au bar du Ritz, longtemps après la Seconde Guerre mondiale, Georges, qui tient aujourd'hui le bar et qui était chasseur à l'époque où Scott vivait à Paris, m'a demandé :
>
> « Papa, qui était ce monsieur Fitzgerald sur lequel tout le monde me pose des questions ?...
>
> — Il a écrit deux très bons livres et un autre, demeuré inachevé, dont ceux qui connaissent son œuvre disent qu'il eût été très bon...

— C'est étrange, je n'ai aucun souvenir de lui, dit Georges. »

Mais ce livre ne constitue pas seulement un exercice de démolition. Joyce y est évoqué avec admiration, Pound, avec affection. Et la ville elle-même retient tout l'amour de Hemingway :

A notre retour à Paris, il faisait clair, froid, ravissant. La ville s'était accommodée de l'hiver : il y avait de bon bois chez le marchand de bois et charbon en face de chez nous et des braseros devant beaucoup des bons cafés, pour qu'on ait chaud en terrasse. Chez nous aussi, il faisait bon et gai. Nous brûlions des boulets (qui sont des agglomérés de poussier moulés en forme d'œuf) sur le feu de bois, et dans les rues la lumière d'hiver était très belle. On s'était fait à voir maintenant les arbres nus sur le ciel, et l'on traversait les jardins du Luxembourg sur les allées de gravier fraîchement lavé, dans le vent clair et coupant. Les arbres sans leurs feuilles étaient des sculptures, une fois que l'on s'était réconcilié avec eux ; les vents d'hiver soufflaient à la surface des bassins, et les fontaines souf-flaient leurs jets dans la lumière vive. Toutes les distances avaient raccourci depuis que nous avions connu la montagne.

Cette prose est du pur Hemingway — simple, très évocatrice, acceptant la vie, mais, comme toujours chez lui, teintée de mélan-colie. La mélancolie réside dans la forme même des phrases qui, tout en évitant régulièrement la période, ne peuvent s'empêcher de mourir en retombant. La musique de Hemingway est celle de l'élégie, même lorsqu'il chante le plus la joie :

> *On n'en a jamais fini avec Paris, et le souvenir de chaque personne qui y a vécu est différent de tous les autres. Nous y retournions toujours ; peu importait qui nous étions, ou que Paris eût changé de telle ou telle façon, ou qu'il fût difficile ou non d'y parvenir. Paris valait toujours la peine, et vous payait toujours en retour, si peu que vous lui apportiez. Mais cela, c'était le Paris de nos premiers jours, quand nous étions pauvres et très heureux.*

La musique de Hemingway a apporté quelque chose de neuf et d'original à la littérature mondiale. Elle chante à l'oreille de tous les jeunes qui se lancent dans l'art d'écrire. Quant au code du courage selon Hemingway, comme au héros selon Hemingway, qui tient stoïquement tête à l'adversité, ils ont exercé une influence qui dépasse la littérature. Même si les insuffisances de l'home ont fini par mutiler l'œuvre, la force séminale de Hemingway au meilleur de lui-même est aussi considérable que celle de Joyce, de Faulkner ou de Scott Fitzgerald. Et même à son pire, il est là pour rappeler que, avant de s'engager dans la littérature, il faut s'engager dans la vie.

Bibliographie

(Les dates indiquent l'année de publication originale)

OUVRAGES SUR ERNEST HEMINGWAY

BIOGRAPHIE :

Baker, Carlos : *Ernest Hemingway, a Life Story* (Histoire d'une vie) 1969.
Callaghan, Morley : *That Summer in Paris*, 1963.
Hemingway, Leicester : *My Brother, Ernest Hemingway*, 1963.
Hemingway, Mary : *How It Was*, 1976.
Hotchner, A. E. : *Papa Hemingway*, 1966.
Loeb, Harold : *The Way it Was*, 1959.
Ross, Lillian : *Portrait of Hemingway*, 1950.

CRITIQUE :

Baker, Carlos : *Hemingway, the Writer as Artist*, 1963.
Benson, Jackson J. : *Hemingway; the Writer's Art of Self-Defence*, 1969.

Hovey, Richard B. : *Hemingway ; the Inward Terrain*, 1969.

Rovit, Earl : *Ernest Hemingway*, 1963.

Stephens, Robert O. : *Hemingway's Non-Fiction : the Public Voice*, 1968.

Waldhorn, Arthur : *A Reader's Guide to Ernest Hemingway*, 1972.

Watts, Emily : *Ernest Hemingway and the Arts*, 1971.

Young, Philip : *Ernest Hemingway, A Reconsideration*, 1966.

ESSAIS :

Baker, Carlos (éd.) : *Hemingway and His Critics*, 1961.

Brooks, Cleanth : « Ernest Hemingway, Man on His Moral Uppers », dans *The Hidden God*, 1963, p. 6-21.

Kazin, Alfred : *On Native Grounds*, 1942, p. 192-204.

O'Faolain, Sean : *The Vanishing Hero, Studies in Novelists of the Twenties*, 1956, p. 112-45.

Wilson, Edmund : « Hemingway, Gauge of Morale », dans *The Wound and the Bow*, 1941.

AUTRES OUVRAGES :

Collins, Larry et Lapierre, Dominique : *Paris brûle-t-il ?* 1965.

Ellman, Richard : *James Joyce*, 1959.

Meyers, Jeffrey : *Married to Genius*, 1977.

R. Phelps et P. Deane : *The Literary Life*, 1969.

Stein, Gertrude : *The Autobiography of Alice B. Toklas* (*Autobiographie d'Alice B. Toklas*), 1933.
Turnbull, Andrew : *Scott Fitzgerald*, 1962.

OUVRAGES D'ERNEST HEMINGWAY

Three Stories and Ten Poems (Trois histoires et Dix poèmes), 1923.
In our time (De notre temps), 1924.
In Our Time (50 000 Dollars), 1925.
The Torrents of Spring (Les Torrents de printemps), 1926.
The Sun Also Rises (intitulé *Fiesta* en Grande-Bretagne) *(Le Soleil se lève aussi)*, 1926.
Men Without Women (Hommes sans femmes), 1927.
A Farewell to Arms (L'Adieu aux armes), 1929.
Death in the Afternoon (Mort dans l'après-midi), 1932.
Winner Take Nothing (Le Gagnant ne gagne rien), 1933.
Green Hills of Africa (Les Vertes Collines d'Afrique), 1935.
To Have and Have Not (En avoir... ou pas), 1937.
The Fifth Column and the First Forty-Nine Stories (La Cinquième Colonne), 1938.
(Les Neiges du Kilimandjaro), 1938.
For Whom the Bell Tolls (Pour qui sonne le glas), 1940.
Across the River and Into the Trees (A travers le fleuve et sous les arbres), 1950.

The Old Man and the Sea (le Vieil Homme et la Mer), 1952.

Publications posthumes :

FICTION

The Fifth Columm and Four Stories of the Spanish Civil War (La Cinquième Colonne), 1969.
Islands in the Stream (Iles à la dérive), 1970.

NON-FICTION

The Wild Years (articles écrits pour le *Toronto Star*), 1962.
A Moveable Feast (Paris est une fête), 1964.
By-Line : Ernest Hemingway, Selected Articles and Despatches of Four Decades (En ligne : choix d'articles et de dépêches de quarante années), réunis par William White, 1967.
Ernest Hemingway : Cub Reporter, Kansas City Star Stories (E. H. apprenti reporter, articles pour le Kansas City Star), réunis par M. Bruccoli, 1970.
Ernest Hemingway's Apprenticeship, Oak Park, publié sous la direction de M. Bruccoli, 1971.

Chronologie

1899   Ernest Hemingway naît le 21 juillet à Oak Park, près de Chicago, il est le deuxième enfant du Dr Clarence E. Hemingway et de Grace Hall.

1917   Après ses études au lycée d'Oak Park, entre au *Kansas City Star* en qualité de petit reporter.

1918   Lors de l'entrée en guerre des États-Unis, empêché par sa vision défectueuse de faire partie de l'armée, s'engage dans la Croix-Rouge comme chauffeur d'ambulance. Envoyé en Italie, est blessé sur le front de la Piave en sauvant un homme. A l'hôpital de Milan, tombe amoureux d'une infirmière, Agnes von Kurowsky. Le gouvernement italien et celui des États-Unis le décorent pour bravoure au combat.

1919   Rentre à Oak Park, qui l'accueille en héros. Nerveux, blâmé par sa mère pour son indolence, entreprend sérieusement d'écrire, mais sans succès commercial.

1920   Entre au *Toronto Star*. Par la suite, dirige un périodique publié à Chicago. Épouse Hadley Richardson, et, en décembre, se rend avec elle à Paris, comme correspondant en Europe du *Toronto Star*.

1923   Naissance de son fils aîné. Publie à Paris *Trois histoires et Dix poèmes*.

1924   Encore à Paris, publie *de notre temps*, qui attire l'attention d'Edmund Wilson. Assiste Ford Madox Ford à la *transatlantic review*.

1925   *De notre temps*, sa première publication commerciale, est bien accueilli par la critique américaine.

1926   Publie *Les Torrents de printemps*, satire méchante du style romanesque de son ami Sherwood Anderson. En octobre, *Le Soleil se lève aussi* (*Fiesta* en Grande-Bretagne) remporte un vif succès, tant sur le plan commercial qu'auprès de la critique.

1927   *Hommes sans femmes*, volume de nouvelles, confirme l'importance de Hemingway. Divorce d'avec Hadley.

1928   Épouse Pauline Pfeiffer et rentre avec elle en Amérique. Pour la première fois, élit domicile sur le sol natal, à Key West, en Floride. Naissance de son deuxième fils ; l'accouchement difficile de Pauline est raconté dans *L'Adieu aux armes*. Le père d'Ernest, atteint de maladie incurable, se suicide.

1929   Parution de *L'Adieu aux armes*.

1932   *Mort dans l'après-midi*, livre sur la tauro-
        machie. Hemingway est pris à partie par les
        intellectuels de gauche : accusé d'éviter
        dans ses écrits les problèmes politiques et
        économiques majeurs posés par la Crise.

1933   *Le Gagnant ne gagne rien.*

1935   *Les Vertes Collines d'Afrique.*

1937   *En avoir... ou pas* tente de satisfaire la cri-
        tique de gauche en montrant les difficultés
        d'un individu libre au sein d'une société
        corrompue, dominée par l'argent.

1937   Est en Espagne à titre de journaliste, mais
        sa collaboration au film *Terre d'Espagne*
        révèle ses sympathies pour le Front popu-
        laire et son hostilité à Franco.

1938   Publie sa pièce prorépublicaine, *la Cin-
        quième Colonne*, en tête de son recueil de
        nouvelles, dont *Francis Macomber* et *Les
        Neiges du Kilimandjaro*, beaux fruits de ses
        safaris.

1940   Épouse Martha Gellhorn, consœur journa-
        liste avec laquelle il s'est lié en Espagne. Sa
        maison de Floride étant passée aux mains
        de Pauline, se fixe à Cuba. Malgré l'im-
        mense popularité de *Pour qui sonne le glas*, la
        critique murmure que sa qualité littéraire
        est en baisse.

1941   Hemingway et Martha se rendent en
        Extrême-Orient pour écrire des articles sur
        la guerre sino-japonaise. A l'entrée de
        l'Amérique dans la Seconde Guerre mon-

diale, Hemingway commande son « chasseur de sous-marins » personnel au large des côtes cubaines.

1944   Il se rend en Europe comme correspondant de guerre, participe au débarquement en Normandie, entre à Paris avec son unité de volontaires personnelle. Sa violation du statut de non-combattant lui attire des ennuis, mais on finit par lui décerner l'Étoile de bronze.

1945   S'éprend de la journaliste Mary Welsh ; Martha demande le divorce.

1946   Épouse Mary, sa quatrième et dernière femme, et commence un roman fleuve sur la terre, la mer et l'air.

1948   En Italie, réunit la matière du roman qui sera publié deux ans plus tard.

1950   *A travers le fleuve et sous les arbres*. Ce roman « italien » est mal accueilli. Hemingway reconquiert sa réputation avec le livre suivant.

1952   *Le Vieil homme et la mer*. Bouleverse des millions de lecteurs.

1953   Prix Pulitzer.

1954   Prix Nobel. Regrette de ne pouvoir aller à Stockholm le recevoir en personne, prétextant les suites de deux accidents d'avion successifs en Afrique. Souffre en réalité de délabrement physique et nerveux généralisé.

1960 Travaille à une longue étude sur la tauromachie, intitulée *The Dangerous Summer*,
dont *Life* publiera une partie. En outre, met
au point un volume de souvenirs sur Paris,
intitulé *Paris est une fête*. Malade, entre
en clinique dans le Minnesota.

1961 A Ketchum, dans l'Idaho, Cuba étant trop
instable pour y vivre les débuts de la prise
de pouvoir de Castro. La maladie empire
en dépit du traitement médical. Physiquement affaibli, atteint de psychose grave, se
suicide, le 2 juillet.

Index

Chicago Daily News, 71.
Chicago Tribune, 18.
Cinquième Colonne, La, 34, 90, 93.
Collier's, 87, 101, 104.
Cooper, Gary, 57, 95.
Crosby, Bing, 63.
Crosby, Harry, 33, 59.

Dahl, Roald, 101.
Daily Express, 103.
Dangerous Summer, The, 129, 130, 131.
Death of a Hero (Richard Aldington), 56.
De notre temps, 41, 42.
De notre temps, 33, 42, 36.
Dietrich, Marlene, 15, 74, 108, 137.
Dorman-Smith, Eric, 27.
Dos Passos, John, 24, 34, 52, 88.
Double Dealer, 32.

Eastman, Max, 65, 69, 70.
Elgar, Sir Edward, 52.
Ellerman, Annie Winifred (« Bryher »), 33.
En avoir... ou pas, 81, 85.
« Endroit propre et bien éclairé, Un », 66, 135.
Espagne en flammes, L', 87.
Esquire, 71, 76, 80.

Faulkner, William, 32, 108, 125, 142.
Fiesta voir *Soleil se lève aussi, Le*
Fitzgerald, Francis Scott (Key), 21, 40, 44, 45, 49,
60, 61, 76, 78, 79, 98, 140, 142.
Fitzgerald, Zelda, 44, 45.
Ford, Ford Madox, 30, 38, 61, 92, 98, 140.
Forsythe, Robert, 81.
Fortune, 61.

Gagnant ne gagne rien, Le, 70, 73.
Galantière, Lewis, 30.
Gardner, Ava, 15, 77, 124.
Gatsby le Magnifique (F. Scott Fitzgerald), 44.
Glaser, Benjamin F., 93.
« God Rest You Merry, Gentlemen », 22.
Good Soldier, The (Ford Madow Ford), 38.
Goodbye to All That (Robert Graves), 56.
Gottlieb, Robert, 41.
Goya (Francisco José de Goya y Lucientes), 17, 68.
« Grande Rivière au cœur double, La », 42.
Guthrie, Pat, 45.

Hall, Ernest, 13.
Hayer, Helen, 57.
Heap, Jane, 33.
Heller, Joseph, 41.
Hemingway, Grace Hall (mère de Hemingway), 14.
Hemingway, Hadley (Mrs Elizabeth Hadley Richardson Hemingway, première femme